KB070353

이것이
광고인이다

그는 이태원 한구석에서 작은 재능과 끈기로 아이디어를 파는 나이 든 광고인이었다. 팔십사일 동안 그는 광고주에게 단 하나의 아이디어도 팔지 못했다. 그가 가지고 있는 것들은 그의 노련함 빼고는 모두가 낡아 있었다. 그의 맥북은 사과에 불이 들어오는 구닥다리 모델이었고, 폰트도 '꼬딕씨' 이후론 업데이트가 없었다. 체력도 예전 같지 않아 밤샘 작업은 늘 그를 힘들게 했으며, 두 눈은 노안으로 침침해져 '오티 브리프(OT Brief)'마저 잘 읽지 못했다. 하지만 그의 눈빛만큼은 아직 패배를 모르는 맑은 빛을 띠고 있었다.

그는 자신이 겸손해진 걸 깨달았다. 그것은 부끄러운 것이 아니며 참된 긍지를 조금도 손상시키지 않았음을 그는 알고 있었다.

"CD(Creative Director)님은 최고의 크리에이터예요."

"세상엔 더 좋은 CD들이 많아."

"세상엔 수많은 CD들이 있죠. 하지만 CD님 연차는 선배님뿐이에요"라고 신입은 말했다.

'이놈이… 맥이는 건가…'

팔십오일째 되던 날. 노인은 여섯 번의 PT 끝에 드디어 아이디어 하나를 팔게 되는데… 지나치게 많은 체력을 소모한 늙은 CD는 세 번째 아이디어의 컨셉 하나만 살려서 터덜터덜 돌아온다는 슬픈 이야기…

앙상한 컨셉만 들고 오는 늙은 노인을 본 제작 본부 사람들에게 노인은 말한다.

"니들이 광고를 알어?"

광고회사에 다니고 있습니다. 이태원에 있는 제일기획의 제작 본부 CD입니다. 크리에이티브 디렉터. 이름은 거창합니다만 막상 들여다보면 고만고만한 직장인입니다. 나름 광고인으로서 자부심도 갖고 있고 의욕적으로 재미있게 일하지만, 문득문득 자괴감에 빠지기도 하고 괜히 우쭐했다가 별거 아닌 걸로 속상해하기도 하고… 뭐 그러면서 꾸역꾸역 열심히 살고 있습니다.

차례

3장. 저 많은 사람들은 무슨 일을 하는 걸까?

4장. 아이디어는 어디에서 오는가

5장. A안으로 팔고 올게! 설득의 전장(戰場)

6장. 사연 없는 광고 없다

7장. 오늘도 무사히

어쩌다 광고인

"어쩌다 보니 어른이 된 사람들에게 조금 더 좋은 어른이 되자"라는 취지로 만들게 되었다는 〈어쩌다 어른〉이라는 TV 프로그램이 있더군요. 저 역시 '어쩌다 보니' 광고인이 된 케이스입니다. 어릴 적부터 광고인이 꿈이었던 분들, 그 꿈을 위해서 많은 노력 끝에 광고인이 되어 열심히 광고를 만들고 있는 분들에게는 굉장히 무례한 이야기일 테지만 여하튼 저의 경우는 그렇게 되었습니다.

변명을 조금 해보자면 대학을 졸업하던 해 딱 맞춰 IMF가 터지는 바람에 전공이고 뭐고 따질 것 없이 닥치는 대로 직장을 구해야 했습니다. 나름 그 혼란한 와중에 그래도 재미있어 보이는 일이 뭘까 고민도 하고, 내가 남들보다 잘할 수 있는 게 뭔지 이래저래 눈치껏 찾아다니다가, 정신 차려보니 광고대행사 제작 일을 하고 있는 중이랄까요. 운이 정말 좋았습니다. 변명 하나만 더 하자면 그래도 나름 주어진 일들에 있어서는 최대한 열심히 하려고 노력했고, 이래저래 마음 고생도 실컷 했고, 회사 화장실에서 찔끔찔끔 짜기도 하다가 어렵사리 자리 잡고 있다는점 이해 부탁드립니다. 직장생활은 어디든 정말 어려운 것 같습니다.

제가 지금 다니고 있는 제일기획은 저의 일곱 번째 직장이면서 일곱 번째 직업입니다. 케이블 음악 방송국 FD를 시작으로 인터넷 방송국 PD, 키오스크 UI설계/디자인, 웹디자이너, 웹콘텐츠 제작, 서비스 기획 등 일곱 회사에서 모두 다른 직업을 가졌었죠. 다녔던 회사의 직종은 다 달라도 결국 모두 '제작'하는 일이었던 것 같네요. 여차저차 이래저래 광고인이 되어 15년이 훌쩍 넘게 광고일을 하고 있습니다.

최근 몇 년간 광고 쪽을 지원하는 취업 준비생들을 대상으로 강의하는 자리가 있었습니다. 덕분에 알게 된 사실이 있는데, 하나는 광고 쪽에 지원하고 싶어 하는 사람들이 생각보다 꽤 많이 있다는 점이었고, 두 번째는 의외로 그들이 '광고'라는 직업에 대해 생각보다 많이 모르더라는 점이었습니다. 저희 회사에도 2~3년 차 사원들이 '생각했던 일이 아니'라며 퇴사하는 케이스들이 종종 있습니다. 슬픈 일이죠.

사회생활을 시작하는 나이가 점점 늦어집니다. 재수, 삼수 안 하고 대학을 가더라도 어디 어학연수 1년 정도 다녀오고, 남자들은 군대도 다녀와야 하고, 영어 점수 따느라, 등록금 마련하느라, 취업 스펙 준비하느라 이래저래 휴학도 한두 학기 하고 뭐 그러다 보면 입사 시점은 빨라야 서른쯤 됩니다. 3~4년 정도 일해보고 "아, 이 길이 아닌가 보다" 싶어 뒤돌아보면 벌써 30대 중반. 용기도 시간도 부족한 애매한 나이가 되죠. 안 그래도 일할 수 있는 나이는 점점 줄어드는데 다른 길을 찾아 다시 시작하는 건 너무나 큰 모험인 요즘, 광고일을 하고 싶은 사람들에게 "광고회사는 대략 이러한 곳이고 이런 일들을 하는 곳입니다"라고 설명해줄 수 있는 기회가 있다면 좋겠다는 생각에, 갖고 있던 생각과 경험들을 정리해보았습니다.

직장생활 다 거기서 거기라고 하죠. 광고를 업으로 삼는 직장인들은 어디부터 어디까지인지. 어떤 직업들이 있고 그들은 무슨 일을 하는지. 생계형 광고인들은 어떻게 살고 있는지 뭐 그런 시시콜콜한 내용들을 기록했습니다.

광고일을 직업으로 삼고 싶은 분들에게는 나름 참고할 만한 내용이 되었으면 합니다. 그냥 호기심 차원에서 광고 만드는 사람들은 어떻게 사나 궁금한 사람들도 한 번쯤 읽어볼 만한 내용이 된다면 더 좋겠네요. 물론 제가 아는 선에서, 제 경험을 통해 얻은 생각들이기 때문에 사실과 다른 부분이 있을 확률이 농후합니다만, 너그러운 마음으로 가볍게 읽어주시면 감사하겠습니다.

1장

직업으로서의 광고

거기 빡쎄지 않아?

"광고회사 다닌다"라고 하면 대부분 "거기 빡세지 않냐?" 혹은 "재미있는 일 하네" 이렇게 많이들 물어보시는데 맞습니다. '빡세고' 재미있습니다. 힘들면서 재미도 있고 보람도 있고… 뭐 대부분의 직업이 다 그렇겠지만 광고 쪽이 좀 더 버라이어티 하다고 할까… 빡셈과 재미의 폭이 크다고 할까… 여튼 그렇습니다.

일을 빡세게 만드는 다양한 이유들이 있습니다만, 물리적인 면에서 보면 '일정이 정해져 있지 않다는 점'이 가장 큰 원인인 것 같습니다. 물론 연말 애뉴얼(annual) 등 루틴(routine)하게 일어나는 굵직한 스케줄은 있지만, 시장 상황이나 제품개발 일정, 경쟁사 동향에 따라 마케팅 스케줄은 말 그대로 고무줄입니다. 일정은 언제나 ASAP이고요. 늘 시간에 쫓기는 상태로 일하죠. 5분 대기조 느낌이랄까요? 월요일에 OT 받고 화요일에 아이디어 회의 들어가고 수요일에 촬영해서 토요일에 온에어(On Air) 해본 적도 있습니다.

비단 광고뿐 아니라 모든 업계가 마찬가지겠지만 요즘은 정말 한치 앞을 내다볼 수가 없습니다. 시장 상황도 그렇고 마케팅 방법론도 그렇고 트렌드도 그렇고 변화가 너무나도 빠르기 때문에 늘 정신없습니다. 그래서 재미가 있기도 합니다만, 여하튼 녹록지 않습니다.

　광고가 '빡센' 또 다른 원인을 보자면 '취향을 탄다는 점'일 겁니다. 거의 모든 의사결정에 '결정권자의 개인적 취향'이 반영된다는 거죠. 모델을 고르는 일부터 크리에이티브의 톤앤매너까지 결정해야 하는 모든 부분에서 개인의 취향이 반영되기 때문에 정말 어렵습니다. 쉽지 않은 부분이죠. 이 점에 대해서는 너무나 할 얘기가 많기 때문에 뒤에서 하도록 하고…

　반면 재미있는 요소들도 참 많습니다. 어찌 보면 노는 게 일입니다. 광고 제작을 하려면 콘텐츠 소비를 많이 해야 합니다. 드라마도 열심히 보고 음악도 많이 듣고, 영화도 다양하게 찾아봐야 하죠. 콘텐츠 소비를 많이 하는 게 미디어와 콘텐츠 제작에 대한 공부가 됩니다. 감정이나 상황을 표현하는 다양한 방법을 배우고, 스토리텔링의 여러 가지 좋은 사례들을 배웁니다. 요즘 유행하는 트렌드에 대한 학습도 되고 문화예술 전반의 이해도를 높이는 공부가 됩니다. 제작팀의 경우 일이 없는 시간은 대부분 이런저런 콘텐츠를 소비하거나 콘텐츠를 만들어보면서 보냅니다.

앞서 말한 대로 일이 루틴하지 않기 때문에 힘들고, 같은 이유로 재미있기도 합니다. 광고회사는 반복되는 일이 적습니다. 매번 할 때마다 새롭죠. (제 기억력 문제일 수도…) 광고주도 다양해서 제약, 통신, 프랜차이즈, 보험 등등 품목도 장르도 다양합니다. 덕분에 공부도 많이 하게 되고 모르던 분야에 대해 알게 되는 점이 좋습니다. 물론 그래서 스트레스받는 사람도 있겠지만 뭐랄까 살짝 긴장을 유지하는 선으로 받아들인다면 즐거움이 되기도 합니다. 유명인을 가까이서 볼 일이 있다는 점도 나름 소소한 재미 중하나겠네요. 내가 좋아하는 모델로 아이디어를 내고, 그 안이 팔려서 같이 촬영도 하고 인사도 나누고 말이죠.

나름 일곱 가지 직장에서 다양한 경험을 직접 해본 결과, 그리고 수많은 광고주를 만나 간접 경험을 해본 바, 광고회사는 '빡세고' 정신없어서 그렇지 (적성에만 맞는다면) 재미있는 일인 건 확실합니다.

광고대행사의 직종

광고대행사의 직종에 대한 이야기를 해볼까 합니다. 종합 광고대행사에는 어떤 식으로 직종이 나뉘어 있는지, 광고 만드는 일을 하는 직업들은 뭐가 있고 어떤 일들을 하는지에 대한 내용입니다. 물론 종합 대행사만 다녀본 사람의 시각이니 감안하고 봐주시면 감사하겠습니다.

종합 광고대행사의 직종을 크게 기획/제작/미디어로 구분할 수 있습니다. 광고주와의 컨택 포인트가 되는 기획 직군과 크리에이티브를 담당하는 제작 직군, 미디어 플랜과 바잉을 담당하는 미디어 직군으로 크게 나눌 수 있습니다. 업무에 따라서는 TVC와 인쇄 라디오 광고를 담당하는 ATL 부문이 있고, 퍼포먼스 마케팅 등 주로 인터넷 미디어의 광고를 담당하는 디지털(Digital) 부문이 있습니다 (ATL/Digital의 경계가 거의 없어지고 있지만 업무의 특성상 부문이 나뉘어 있긴 합니다.) 그리고 소비자 접점의 행사나 부스 제작, 광고 등을 담당하는 BE(Brand Experience) 부문이 있지요. 담당하는 광고에 따라 글로벌/로컬 등으로 나뉘어집니다.

기획 직군은 AP(Account Planner)와 AE(Account Executive)로 나뉘어 있고(AP, AE 구분이 없는 회사도 있습니다), 제작 직군은 AD(Art Director)와 CW(Copywriter), PD(Producer)로 구

성됩니다. 제작팀의 팀장이 되면 CD(Creative Director)라는 타이틀을 갖게 되죠. 미디어 직군은 미디어 플랜팀과 미디어 바잉팀으로 나뉘어져 있고 프로젝트 매니징 역할을 하는 PM팀과 지원팀 등으로 구성됩니다. 이외에 뉴미디어나 어떠한 부분에 특화된 TF 형태의 팀이 구성되는 경우도 있습니다만 보통 이 정도 구성이 기본이라고 생각하시면 됩니다. 자, 그럼 어떤 일들을 하는지 하나씩 살펴볼까요?

종합 광고대행사 직종		
기획	AP(Account Planner): 광고전략가	
	AE(Account Executive): 광고기획자	
제작	AD(Art Director): 아트디렉터	
	CW(copywriter): 카피라이터	
	PD(Producer): 프로듀서	
	CD(Creative Director): 크리에이티브 디렉터	
미디어	플랜팀	
	바잉팀	
PM팀		

전략을 짜는 자, AP

AP(Account Planner)는 '전략'을 담당합니다. 대행사별로

AP가 따로 분리되어 있는 조직도 있고 AE가 AP의 역할을 같이 하는 조직도 있습니다. (제일기획은 AP와 AE가 분리되어 있습니다.) AP는 트렌드를 분석하고 광고주의 니즈를 파악해 저 깊은 곳에서 뭔가를 찾아내는 일을 합니다. 경쟁 PT나 애뉴얼 PT(Annual Presentation: 해당 브랜드의 연간 전략과 광고물을 제안하는 PT)에 초대됩니다. 첫 단추를 어디에 끼울지 정한다고나 할까요? 어디서 시작해서 어떻게 어디까지 풀어나갈지에 대한 시작점을 정하는 일이라 굉장히 중요하고 어렵습니다. 너무 넓어도 너무 좁아도 안 되는 그 아주 좁은 틈새를, 광고주도 모르는 '그것'을 찾는 일을 하는 겁니다. 명석한 두뇌가 필수죠. 왜인지 모르겠지만 빡빡머리가 많고 술을 좋아하는 분들이 많습니다. 왜일까요?

극한 직업, AE

AE(Account Executive)는 광고주와 가장 가까이에 있는 컨택 포인트죠. AE의 롤을 '영업직'이라고 표현하는 경우가 많은데 그보다는 '답을 찾는 일'을 한다라고 표현하는 게 더 적절해 보입니다. 광고주의 문제에 대한 솔루션을 찾는 일이죠. 대인관계가 많고 업무량이 많은 바람에 스트레스도 많은 편입니다. 개인적으로 저는 '어떤 일이든, 어떤 직종이든 시키면 할 수 있다'는 마인드를 갖고 있는데 AE만큼은 사양할 겁니다. 못할 것 같아요. AE는 기획 및 행정업무, 각종 리포트 제작 등 뭐 아무튼 시키는 거 다 한다고 보시면 됩니다. 체력과 멘탈, 성격까지 다 좋아야 합니다. 분노 조절 장애가 있다면 되도록 AE는 피하시는 게 좋을 겁니다.

생각을 그림으로, 아트디렉터

다음으로 제작 직군에는 아트디렉터와 카피라이터, PD가 있습니다. 뭔가 좀 특이하게 생겼거나 자유 분방하게 하고 다니는 자들이 많은데 정작 본인들은 잘 모르는

경우가 많습니다. 이들은 팀장이 되면 CD가 됩니다. 먼저 아트디렉터입니다.

아트디렉터(Art Director, 줄여서 '아트')는 광고 크리에이티브에서 그림을 담당합니다. 물론 그렇다고 그림만 담당하는 건 아니고 그림을 무기로 아이디어를 짠다고 할까… 그림으로 생각을 정리한다고 할까, 여하튼 그림쟁이들입니다. 거의 대부분 미술 전공자들이고, 끄적끄적 그림 그리거나 사진 찍거나 뭐 그런 거를 좋아하는 부류의 사람들입니다. 키노트는 기본이고 포토샵, 일러스트, 인디자인

등 그래픽 툴을 수준급으로 활용합니다. 요즘은 영상편집까지 하는 경우도 많습니다. 뭔가를 설명할 때 '느낌적 느낌'이라며 논리적 설명은 잘 못하는 경우가 많은데 간혹 '아카피'(아트디렉터+카피라이터)라고 불리우는 카피도 잘 쓰는 하이브리드 아트들도 보입니다.

펜은 칼보다 강…한가?, 카피라이터

아트가 그림으로 살을 붙이는 일이라면 카피라이터 (Copywriter, 줄여서 '카피')는 아이디어의 뼈대를 만드는 일을 합니다. 기억에 남는 광고들 대부분이 카피로 기억되는

것처럼 한방이 있는 짧은 글을 쓰는 사람들이죠. 아트들은 거의 대부분이 미술 전공이지만, 카피는 딱히 전공을 타지는 않습니다. 동물학과부터 무역학과, 러시아어, 프랑스어 전공 등 뭐 다양합니다. 책 읽는 걸 당연히 좋아하고 평균적으로 아트들보다는 조금 정적인 텐션을 가지고 있습니다. 왜인지 모르겠지만 카피라이터들의 책상은 아트들의 책상보다 좀 덜 지저분한 것 같은데… 기분 탓인지도 모르겠습니다. 상대적으로 논리적이고 차분한 것 같기도 합니다. 역시 기분탓일지도…

어떻게든 일이 되도록 만드는 사람, PD

일반적으로 PD(Producer)라고 하면 방송국 PD를 연상하시는데, 광고대행사의 PD는 영화 쪽의 PD와 비슷한 일

을 한다고 보시면 됩니다. 처음 광고회사에 왔을 때 PD의 역할을 물어봤더니 그렇게 말씀하시더라고요. "CD가 아빠면 PD는 엄마야." 젠더 감수성이 좀 떨어지는 얘기일 수 있겠지만 대충 이해는 되더군요. 안이 결정되면 그 안의 성격과 예산에 맞는 감독과 스탭들을 정하고 제작 전반에 관한 거의 모든 일을 합니다. 심플한 영상의 감독 역할까지 하기도 하죠. 이래저래 '일이 되도록 만드는' 직종입니다. 실무 경험이 많아야 할 수 있는 일이다 보니 프로덕션 조감독 출신들이 많습니다. 거꾸로 대행사 PD를 하다가 감독으로 입봉하는 경우도 많고요. 대행사마다 다른

데 PD를 내부 직원으로 두는 경우와 (아트, 카피, PD 이렇게) 프리랜서로 두는 경우가 있습니다.

걱정이 많은 CD

제작팀 아트나 카피가 팀장이 되면 CD(Creative Director) 가 됩니다. 특이한 점은 팀 명에 팀장 이름이 들어갑니다. 제작1팀, 제작2팀 이런 식이 아니고 임태진 CD팀, 은명표 CD팀 이런 식이죠. 아마도 만드는 자의 스타일을 브랜드 화해주는 의미인 듯합니다. 왜인지 CD는 말을 잘 듣지 않는 건방진 자들이라는 이미지가 있는데 오해입니다(단호). CD는 팀원들이 낸 아이디어를 '팔릴 수 있는' 아이디어로 잘 발전시키고 광고주에게 '잘 팔고' 좋은 스텝을 써서 최대한 '잘 만드는' 일을 합니다. CD가 되면 아이디어를 내는 일보다 파는 일에 더 무게가 실리다 보니 프레젠테이션 스킬이 아주 중요합니다.

미디어 직군과 PM

미디어 직군은 미디어 플래너팀과 미디어 바잉팀으로 나뉘어 있죠. 먼저 미디어 플래너팀은 제작한 광고물을 광고주의 예산에 맞춰 적절한 매체에 효율적으로 온에어시키는 일을 담당합니다. 요즘 유행하는 채널은 어디인지, 어떤 프로그램은 어떤 연령대의 사람들에게 많이 노출되는지, 온라인과 SNS에서의 광고 메시지는 어떻게 운영되는 게 효율적인지, 타깃 트랙킹은 어떤 방법이 좋을지 등을 고민합니다. 정해진 예산 안에서 최선의 효율을 만들어내는 살림꾼이랄까, 그런 역할을 담당합니다. 기획이나 제작처럼 막 엑티브한 일은 아닙니다. 그보다는 자리에서 진득하게 여러 자료를 꼼꼼히 보면서 엑셀과 씨름하는 그런 유의 업무죠. 미디어 바잉팀은 광고주와 기획팀, 제작팀이 제작한 광고를 꼭 필요한 소비자에게 가장 효율적으로 전달할 수 있는 매체를 구매하고 집행, 관리하는 일을 합니다. 소비자가 광고를 만나는 매체가 다양한 만큼 바잉팀의 전략도 다양하죠.

그리고 PM(project manager), 프로젝트 매니저가 있습니다. 프로젝트의 진행에 관한 업무 중 견적부터 인력 관리까지 정산과 관련된 대부분의 일을 담당하고 제작 전반의 효율을 높이는 일을 하는 살림꾼 조직입니다. 이쪽도 엉덩이가 무거워야 하는 일이죠. 광고 제작에 필요한 예산을 효율적으로 쓸 수 있도록 만드는 일이라 노련함도 필요하고 여러 스탭들, 협력사들과의 커뮤니케이션 능력이 필요합니다.

뭐 대충 이 정도가 광고회사의 직종인 것 같습니다. 물론 그 외에 더 특수한 전문직종이나 각 직종의 지원팀, 프로젝트에 따른 TF팀이 있기는 하지만 대충 이 정도라고 보시면 됩니다.*

---

* 위 설명은 종합 광고대행사의 구조입니다. 소규모 광고회사의 경우 좀 더 심플하고 유동적인 구조로 구성되어 있습니다.

[인터뷰]

전현직자 Q&A 1편

시대ㄴ시선 대표 강찬욱

강찬욱 선배님은 제일기획 카피라이터로 광고일을 시작했고 현재 '시대ㄴ시선'이라는 광고 프로덕션을 운영하고 계십니다. 프로덕션의 대표이면서 기획실장으로 많은 일을 하고 계시죠.

강 실장님은 개인적으로 제가 가장 부러워하는 광고인입니다. 제일기획에선 광고 카피를 쓸 때 "이건 강찬욱 실장님 스타일로 써야 하는 거 아니야?" 이런 얘길 하곤 하죠. 제가 아는 광고인 중에서 가장 브랜딩이 잘되신 분 중한 분이 아닐까 싶습니다. 게다가 출간하신 《골프의 기쁨》도 잘되고 있고 유튜버로 각종 프로그램 패널도 하시고, 여전히 광고도 하시고, 여러모로 너무나 부러운 선배님이죠. 간단히 몇 가지 여쭤봤습니다.

Q1: 먼저 자기소개 부탁드립니다. 언제부터 광고일을 하셨고 지금 어떤 일을 하시나요?

A1: 시대ㄴ시선 기획실장 강찬욱입니다. 저는 1995년에 제일기획 카피라이터로 입사했습니

다. 2000년 제일기획을 퇴사하고 브랜드위원회라는 회사를 차렸다가 2003년 시대_시선으로 이름을 바꿔 지금까지 광고일을 하고 있습니다.

Q2: 광고하는 사람들이 생각보다 새로운 것에 대해 보수적인 모습을 보일 때가 많은데요, 실장님을 보면 유튜브도 하시고, 인스타그램도 열심히 하시고, 책도 쓰시고, 새로운 미디어에 굉장히 적극적이신 것 같아요. 이런 다양한 일들을 하시는 계기랄까, 그런 게 있을까요?

A2: 유튜브가 처음 세상에 나왔을 때 '이것은 인류 역사를 논할 만한 발명품이다'라고 생각했습니다. 적어도 광고를 하는 사람들은 이 새로운 형태의 미디어에서 무언가를 해야겠구나라고 생각했죠. 누구나 나만의 채널을, 스테이션을 가질 수 있는 세상에서 광고를 만드는 내가 하지 않는다는 건 말이 안 된다⋯ 뭐 이런 거였죠. 그렇다면 어떤 것을 할 것인가? 내가 하는 일을 가지고 콘텐츠를 만든다면 또 다른 일이 되겠구나, 라고 생각해서 골프 유튜브를 하게 됐습니다. 유튜브를 하다 보니 자연스럽게 칼럼

을 쓰게 됐고 책도 쓰게 되었죠. 내 생각과 글을 가장 효율적으로 알릴 수 있는 미디어가 인스타그램이라는 생각이 들어서 인스타도 열심히 하게 됐습니다. 광고일을 오래 하다 보면 '작업 의뢰서(브리프)'를 받아야만 시작하는 수동적인 습관이 생깁니다. 그 습관은 늘 바쁘다는 핑계를 만들어내죠. 일이 많아서 바쁜 것이 아니라 일을 뒤로 미루면서 바빠지는 것입니다. 마음속의 표어가 하나 있습니다. '말하는 시간에 하라.'

Q3: 광고를 만드는 사람 입장에서 어떤 브랜드도 다 소화해내는 멀티플레이어가 있고 특정한 장르에 특화된 스페셜리스트가 있는 것 같아요. 강 실장님은 후자 쪽에 가까우신 것 같고요. 기업 PR이나 묵직한 카피의 교과서 같은 분이신데 본인의 의지로 스페셜리스트가 된 것인지, 아니면 하다 보니 그렇게 포지셔닝된 것인지 궁금합니다.

A3: 개인적으로 스페셜리스트이기 때문에 멀티플레이어가 될 수 없다고 생각하지는 않습니다. 세상의 시각이 그런 것뿐이죠. 김환기 화백이

나 이중섭 화백의 글들은 그들의 그림 못지않은 명문입니다. 단지 그림을 더 잘 그릴 뿐이죠. 저는 유머 광고를 좋아합니다. 유머 광고도 잘할 수 있다고 생각합니다. 다만 남들이 묵직한 카피를 잘 쓰는 사람이란 시각으로 봐준다면 그것은 '쓰임'의 문제이기 때문에 지극히 계산적이고 합리적인 평가일 가능성이 높죠. 물론 그런 포지션을 감사하게 생각하고 있습니다. 모든 것을 잘한다는 문장 안에는 어느 하나를 매우 잘한다는 문장이 빠져있는 경우가 많으니까요. 꽤 긴 시간 광고일을 하다 보니 오래 하는 것이 가장 궁극적인 포지션이 아닐까 생각합니다.

Q4: 광고엔 수많은 직업이 있죠. 각각 다른 매력이 있고 다들 멋진 직업이지만 직업으로서 가장 합리적이고 이상적인 직업 하나를 꼽자면 뭐가 있을까요?

A4: 예전엔 생각으로부터 출발하는 일들, 이를테면 기획이나 제작의 일들이 매력적이었습니다. 그런데 이 일들의 진입장벽이 낮아지고 간혹 누구든 할 수 있는 일이지 않을까 하는 의심

과 가볍게 보는 경향이 이 일들의 매력을 떨어뜨리는 것 같습니다. 그래서인지 보다 기술적인 영역에서의 일들이 남들이 할 수 없는 일이라는 느낌을 줍니다. '개나 소나'라는 말이 절대 붙을 수 없는 일들요. 저는 컴퓨터 그래픽 쪽 일이 그렇지 않을까 생각합니다. 물론 제가 경험해보지 않은 일이기 때문에 선뜻 말하기는 곤란하지만 생각이 전문성을 담보하지 못한다는 생각이 있어요. 그렇다면 기술이 전문성을 담보하는 것 아닐까요?

Q5: 사람을 크게 구분하면 계획이 있는 자와 없는 자로 나눌 수 있을 것 같은데요, 실장님은 계획이 있는 타입인가요? 아니면 적응력이 좋아서 물 흐르듯 유연하게 대응하는 타입인가요?

A5: 굳이 둘 중에 하나를 고르라면 후자에 가깝습니다. 실제로 빅픽처란 작은 픽처들이 모인 것이라고 생각합니다. '아, 다 계획이 있었구나'라는 결과에 명분을 주는 행위라고 생각합니다. 그때 그때 최선을 다하고 적응하다 보면 계획적으로 보일 수는 있겠죠. 무엇을 이루고 무엇을

하겠다는 목적 지향보다는 어떻게 해야겠다, 어 떻게 살고 싶다는 상태 지향이라고나 할까요?

Q6: 광고인의 한 명으로서 마음 아픈 질문이지 만 광고는 사양 산업일까요? 이 업계에 오고 싶 어 하는 취준생에게 팁이랄까 뭐 그런 걸 주신 다면요?

A6: 단언컨데 광고는 사양 산업이 아닙니다. 형 태와 도구가 바뀌는 것뿐이죠. 보다 치밀해지고 데이터화 되는 것에 기존의 광고인들은 엄청난 부담감과 상실감을 느낍니다. 모든 것들이 수 치화된다면 수치화되기 어려운 크리에이티브 의 영역이 점차 축소될 것이라는 불안감도 있습 니다. 브랜딩이라는 숭고함을 믿지 않는 시대에 우리 광고인들은 살고 있으니까요.
하지만 이 역시 기존 광고인의 시각입니다. 미 디어는 한없이 손 벌리고 있고 이를 채워야 하 는 수많은 상업 콘텐츠들이 필요합니다. 마케 팅 비용 내에서 광고비가 줄 수는 있겠지만, 마 케팅의 어느 활동과 광고를 구별 지어서 생각할 필요는 없습니다. 광고라는 말의 의미를 좀 더

넓게 펼친다면 광고 산업은 사양 산업이 아닙니다. 광고인이 아티스트는 아니지만 콘텐츠를 만들어내는 스페셜리스트인 것은 분명합니다. 직장인이지만 장인 같은 느낌으로 할 수 있는 일이 세상에 그리 많지 않습니다. 그 중 맨 앞 줄에 있는 것이 광고입니다.

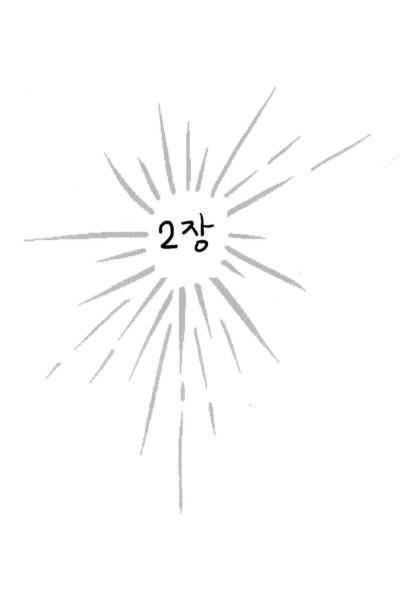

2장

광고는 어떻게
만들어지는가

광고의 구분

이 장은 광고가 만들어지는 과정에 대한 이야기입니다. ATL, BTL* 디지털 등 광고가 만들어지는 모든 과정을 논하기엔 경험도 부족하고 지면도 부족하니, 일단 TVC 기준으로 설명하는 게 좋겠네요.

굉장히 오래된 방법의 구분이긴 한데, 광고는 크게 ATL, BTL, 디지털, 이렇게 세 가지로 구분됩니다. ATL은 TVC를 포함한 4대 매체(인쇄, 잡지, 라디오, TV)라고 보시면 되고, BTL은 행사나 이벤트 전시 등 소비자 접점의 대면 이벤트라고 보시면 됩니다. 디지털은 말 그대로 온라인, 디지털 마케팅을 이야기하죠. 사실 요즘은 경계 없이 진행되지만 편의상 이렇게 구분합니다.

* Above the line / Below the line의 약자입니다. 예전엔 4대 매체를 기본으로 계약하고 나머지 행사 등의 액티비티는 서비스로 제공했다고 합니다. 계약서 날인의 윗줄의 업무냐, 아랫줄의 업무냐, 뭐 이런 식으로 구분한 거라고 하네요. 큰 의미는 없습니다.

결국 프레젠테이션을 위한 여정

광고를 만드는 일은 PT로 시작해 PT로 마무리된다고

해도 과언이 아닐 겁니다. 광고주가 대행사를 정하는 경쟁 PT(presentation)나 애뉴얼 PT 같은 규모 있는 PT를 예로 들어 심플하게 설명하면 이렇습니다. 제일 먼저 광고주가 대행사들을 초청합니다. (현장에선 '인비테이션을 한다'라고 표현합니다.) 참여 대행사가 정해지면 광고주가 오리엔테이션을 하죠. 올해 마케팅 목표는 이러하고 전체 마케팅 예산은 이 정도이고, PT 방법과 일정 등은 이러하더라는, 대행사가 필요로 하는 가이드라인을 설명합니다. 여기까지가 광고주가 주도하는 일이고, 그 후 대행사에는 이런 일들이 시작됩니다.

1. PT에 참여한 광고대행사는 TF팀을 구성합니다.
2. 이번 PT에 참여할 AP/AE/제작팀 등을 정하고 킥오프 미팅(전략이 정해지기 전에 하는 첫 미팅)을 합니다.
3. 킥오프 미팅 후 광고주가 전해준 가이드라인을 바탕으로 AP가 전략과 컨셉을 잡습니다.
4. 해당 브랜드 스터디를 하고 경쟁사 분석, 타깃 분석, 시장분석, 광고주의 이전 캠페인 히스토리 스터디 등 다양한 방법으로 고민해 전략 방향과 컨셉을 뽑아냅니다.
5. AE와 AP는 전략 내용을 바탕으로 제작팀을 만나 전략을 공유합니다.
6. 제작팀은 아이데이션에 들어가고, 몇 차례 미팅을 통

해 도출된 컨셉과 전략에 맞는 안을 결정합니다. 때론 안에 맞춰 전략 방향을 수정합니다.

7. 여러 고민과 내부 리뷰 끝에 결정된 안으로 시안 준비를 합니다. 보통 세 가지 방향 정도로 정리해서 영상 혹은 콘티 형태로 제작물을 만듭니다. (경우에 따라 내부 비딩 형태로 진행되기도 하고 ATL과 BTL을 나눠서 여러 팀이 같이 하기도 합니다.)

8. 정해진 날짜에 PT를 하고 보통 일주일 정도 후에 승패가 결정됩니다.

PT에 큰 금액이 걸려 있기도 하고 자존심도 (고과도) 걸려 있기도 하니 다들 예민해져 있습니다. 어찌 보면 1년 농사를 짓는 일이라 어르신들도 관심이 많고 이래저래 힘들죠. 정답이 없는 일이다 보니 의견은 모두 다르고 간혹 트러블이 생기기도 합니다. 모두 동의했던 전략 방향이 PT를 얼마 앞두고 홀랑 바뀌어 버린다거나, 3주 정도 차근차근 준비하던 방향이 내부 임원 리뷰를 통해 싹 다 날아가기도 하고, 여러 일들이 벌어집니다. 이런 변수들을 감정적으로 받아들이지 말고 이성적으로 판단해야 하는데 그게 참 쉽지 않습니다.

애뉴얼 PT나 대행사를 정하는 PT처럼 규모가 있는 경우는 앞에 설명드린 것같이 조금 복잡하지만, 일반적인

TVC 제작의 경우엔 다음과 같은 프로세스로 진행됩니다.

TVC 제작 프로세스

1. 광고주와 AE가 만나 킥오프 미팅을 합니다. 예산과 일정들을 논의하죠. (간혹 제작팀이 처음부터 같이 미팅하는 경우도 있습니다.)
2. 킥오프를 바탕으로 AE가 오티 브리프를 만듭니다. 광고의 목적은 무엇이고 타깃은 어떻고 온에어는 어느 정도이고, 제작비와 매체비는 얼마만큼인지를 보여줍니다.
3. 개요와 내용들을 정리하고 대략의 방향성을 잡고 제작팀과 회의를 합니다.
4. 제작팀은 아이데이션을 시작하고 몇 번의 회의를 통해 '안'을 만들고 광고주 프레젠테이션을 합니다. 스케줄이나 난이도에 따라 안을 다양하게 가져가는 경우도 있고 스토리보드 형태로 들어가는 경우도 있고 키 비주얼(Key Visual: 광고의 핵심이 되는 그림)에 카피만 가지고 가는 경우도 있습니다. (광고주와 상황에 따라 다릅니다.)
5. 이후 몇 차례 광고주 미팅을 거쳐 안이 확정되면 드디어 제작 단계로 넘어갑니다.
   대략 오티 브리프부터 광고주 프레젠테이션까지 걸리

는 시간이 평균 2주 정도 된다고 보시면 됩니다만, 간혹 3~4일, 심한 경우에는 '내일 보자'는 경우도 있습니다. 이제 각 과정을 간략히 살펴볼까요?

모든 일의 시작, ①오티 브리프

모든 프로젝트는 오티 브리프로 시작됩니다. 보통 두어 장 정도 분량으로 정리하는데 이게 좀 많이 중요합니다. 오티 브리프 안에 프로젝트의 개요부터 방향과 목적이 다 들어 있어야 하거든요. 문제가 뭔지, 상황은 어떤지, 광고주가 원하는 방향은 무엇인지, 예산은 얼마이고 언제까지 만들면 되는지, 회사의 전략은 무엇인지 등등 모든 프로젝트의 시작이니만큼 정확하고 명확하게 채워야 합니다.

고통과 인고의 시간, ②아이데이션

OT를 받고 나면 제작팀은 CD의 가이드에 따라 각자 아이데이션에 들어갑니다. 팀원 각각 나름대로 안을 준비합니다. 아트와 카피 각각 자신의 장점을 살려 여러 개의 시안들을 준비합니다. 빠르면 2~3일, 길게는 일주일 정도 시간을 두고 제작팀이 모여 자신의 아이디어를 프레젠테이션 합니다. 나름 꽤 긴장되는 상황이죠. 자신의 아이디어로 광고가 온에어 되도록 나름의 역량을 총동원해서 안을 만들고 설명합니다. CD는 광고주의 요구사항과 예산 등의 현실적인 부분들을 고려해서 팀원들의 아이디어를 잘 정리합니다. AE와 미팅을 거쳐서 광고주에 들어갈 안을 골라내어 PT 준비를 합니다. 상황에 따라 다르긴 하지만 보통 3~4개 정도로 안을 구성하죠.

부끄러움은 잠시 접고, ③프레젠테이션

아이디어가 추려지고 안의 형태로 만들어지면 광고주 프레젠테이션을 합니다. 한 번에 끝나면야 좋겠지만 세상은 그리 녹록지 않습니다. 여러 번의 PT를 통해 안이 추려지고 임원 보고를 한 다음에 안이 확정됩니다. 각자 자신만의 스타일로 최선을 다해서 준비하고 발표합니다. 프레젠테이션은 나중에 따로 자세히 설명하도록 하겠습니다.

드디어! ④촬영 준비

광고주와의 회의를 통해 안이 결정되면 제작팀은 PD
와 상의해 감독을 정합니다. 안에 따라 어떤 감독이 좋을
지 CD와 PD가 잘 판단해서 감독(프로덕션)을 정하고 프로
덕션 OT를 합니다. 셀렉된 안을 설명하고 광고주의 요구
사항과 CD의 생각, 여러 가지 체크 포인트들을 감독과
잘 상의하는 자리죠. OT가 끝나면 감독은 스탭 구성 및
디테일한 촬영 준비와 함께 대행사의 안을 '트리트먼트
(treatment)'합니다. 트리트먼트란 대행사가 만든 안을 감
독이 해석하는 작업을 말합니다. 아이디어를 더 정교하고
재미있게 만드는 과정이죠.

약속해요, ⑤PPM

PPM(Pre-Production Meeting), 프리 프로덕션 미팅. 말 그
대로 제작에 들어가기 전에 필요한 내용을 합의하고 결
정하는 자리입니다. 광고의 톤앤무드부터 BGM, 촬영 스

케줄을 어떻게 할지, 로케이션은 어디로 하고, 녹음 및 편집은 어디서 할지, 제품은 어떻게 등장시킬지, 모델을 어떻게 스타일링할지, 소품은 무얼 어떻게 놓을지, 자막은 어떤 서체를 쓸지까지 매우 디테일하게 논의하고 합의하는 자리입니다. PPM은 보통 대행사와 하는 PPM, 광고주와 하는 PPM, 이렇게 두 차례 합니다. 대행사와 프로덕션이 한 번 정리하고 합의를 본 후 광고주와 조금 더 정리된 PPM을 하죠.

"의상은 설마 이게 최종은 아니죠?"
"서브 모델을 더 찾아보겠습니다."
"저희 상무님이 이런 얼굴을 안 좋아하세요."
"타임테이블은 아직 안 나온 거죠?"

등의 대화가 오고갑니다.

긴장 또 긴장, ⑥촬영

PPM 때 합의된 내용들을 바탕으로 촬영을 진행합니다. 감독의 트리트먼트 콘티를 기준으로 촬영 일정에 맞춰 타임 테이블을 짭니다. "아니 왜 30초짜리 하나 만드는

데 그렇게 시간이 많이 걸리냐"고 다들 물어보는데, 딱히 설명할 방법은 없습니다만… 여하튼 오래 걸립니다. 하루에 촬영을 마치는 경우도 있지만 경우에 따라서, 로케이션이 많거나 촬영의 난이도가 있는 경우 꽤 많은 시간이 필요합니다. 스튜디오에서 세트를 만들어서 촬영하기도 하고 로케이션에 직접 가서 찍기도 합니다.

어떤 촬영이든 변수는 많습니다. 갑자기 날씨가 안 좋아질 수도 있고, 허가(퍼밋)를 받아놓은 로케이션인데 갑자기 촬영이 불가능해지기도 하고, 앞 신(scene)이 너무 늦게 끝나 일정이 꼬이기도 하고, 아역 모델이 우는 바람에 늦어지기도 하고, 다양합니다. 늘 어렵죠. 게다가 코로나 이후로 해외 촬영이 필요한 경우는 국내에서 원격으로 진행하기도 합니다. 해외 스텝들이 모든 준비를 해놓고 연출은 국내에서 온라인으로 디렉팅하는 거죠. 어찌저찌해서 우여곡절 끝에 촬영을 마치면 편집과 후반 작업*으로 넘어갑니다.

* 후반 작업이라 함은 촬영된 소스를 바탕으로 NTC(DI), 편집, 녹음 등을 해서 영상을 완성하는 단계를 말합니다. 요즘은 촬영 장비가 모두 디지털로 바뀌는 바람에 빠르면 촬영한 다음 날 바로 편집을 시작할 수 있습니다. 그래서 더 힘들어졌죠. -_-

* 원래 필름으로 작업할 때는 NTC라는 작업을 거쳐야 편집이 가능합니다. 초당 24프레임인 필름을 방송용 30프레임으로 바꿔주는 건데 디지털로 작업하면서 사라진 프로세스죠. NTC 후에 결과물의 컬러톤을 디테일하게 조절하는 DI(Digital Inter-mediate) 작업까지 같이 묶어서 NTC라고 많이들 불렀습니다. 디지털로 넘어오면서 NTC 없이 DI만 합니다.

불안불안, ⑦편집

대충 편집실 분위기는 다음 페이지의 그림과 같습니다. 편집실 실장이 감독과 먼저 그림을 어느 정도 만들어 놓고 대행사를 만나 논의합니다. 대략 콘티대로 빠진 게 없는지 광고주와 대행사의 의도가 잘 들어갔는지 체크합니다. 이때 그림은 아직 DI도 덜 되어 있고 후반 작업 전이어서, 게다가 녹음도 가이드 녹음 상태여서, 상상력을 발휘해서 피드백을 드려야 하는데. 초짜 CD인 경우 감이 없어 이게 잘된 건지 망한 건지 혼란스러울 때가 많습니다. 대부분 옆에 앉은 경험 많은 PD들이 광고주를 안심시키곤 합니다.

"녹음실에서 보면 다를 거예요."
"아직 DI 전이라 때깔이 저런 거예요."
"2D 때 정리할게요."
"나만 그렇게 보이나?"
"지저분한 건 옆방에서 지우고 있어요."
"촬영할 때 분명히 봤었는데."
"첫 컷, 세 번째 컷에서 세 장씩 빼고 뒤에 여섯 장 넣어볼게요."
"긁어서 볼게요."

등등의 대화가 오고갑니다.

편집은 그림을 구성하는 '편집' 과정과 2D, 3D로 디테일을 완성하는 '후반' 작업으로 진행됩니다. 사용하는 툴도 실장님도 달라서 편집 과정이 끝나면 후반 작업과 녹음을 각각 따로 거쳐 완성됩니다.

한숨 돌리자, ⑧녹음

다음 페이지의 그림은 막바지 작업인 녹음실 풍경입니다. (간혹 녹음을 먼저 하고 촬영 및 편집을 하는 경우도 있긴 하지만 보통 녹음을 마지막에 합니다.) 편집실에서 확인한 편집본에 소리 작업을 더하는 과정이죠. BGM부터 각종 앰비언스(효과음), 성우 내레이션 등을 믹스하는 작업입니다. 앞서 편집실에서 불안해했던 것들의 70퍼센트 이상이 사라지는 마법의 작업이죠. 여기서는 오디오 PD님들과 녹음실 실장님들이 작업대를 쥐락펴락합니다. 걱정했던 그림들도 조금씩 좋아져 있고, 녹음을 다 하고 나면 왠지 마음이 편해져서 개인적으로 가장 좋아하는 공간입니다.

"성우분 들어가실게요~"
"그거 최종 카피 아닌데요? 지금 다시 보내드릴게요."

"두 살만 낮춰서 다시 해볼까요?"

"BG랑 물리는데 10원 어치만 뒤로 가볼게요."

"이 녹음실 미숫가루 맛있네."

"3번 빼고 4, 5, 7번 다시 들어볼게요."

"그럼 받고 있어요."

등의 대화가 오고갑니다.

녹음실은 머릿속에 있던 아웃풋과 실물의 간극이 줄어드는 공간이지요. 간혹 망했구나 싶을 때도 있지만, 대부분은 잘 완성되어가는 분위기입니다.

죽거나 혹은 나쁘거나, ⑨시사

드디어 대망의 시사 타임입니다. 시사는 보통 실무 시사, 임원 시사, 대표 시사, 이렇게 세 번 정도 합니다. 살 떨리는 시간이죠. 그동안 고생했던 시간들이 걸려 있는 자리입니다.

1. 실무 시사: 요즘 실무 시사는 보통 편집실에서 많이 합니다. 색 보정도 안 되고 녹음도 안 되어 있는 버전이긴 하지만 빠른 판단과 진행을 위해 라이트하게 진행

되곤 합니다. 여기서 그림 별로 카피 별로 나눠서 시사의 버전이 정해지고, 임원분들의 예상 질문과 대응에 대한 논의가 이루어집니다.

2. 임원 시사: 임원 시사는 후반 작업과 녹음까지 마치고 진행됩니다. 대부분 광고주 쪽에 가서 진행합니다. 요즘은 사무실마다 대형 TV들이 있어 노트북에 데이터를 담아서 가곤 하는데 필요한 경우는 시사 장비를 다 챙겨서 가기도 하죠. 시사가 잘 끝나면 각 매체사에 데이터를 보내고 집에 가서 발 뻗고 온에어를 기다리면 됩니다. 이렇게 한 프로젝트가 마무리 되는 거죠.

[인터뷰]

전현직자 Q&A 2편

프리랜서 기획실장 이병하

광고하는 사람들이 '기획실장'이라고 부르는 사람들이 있습니다. 쉽게 생각해서 광고 아이디어를 만들어 제안하는 프리랜서라고 보시면 됩니다. (프로덕션 소속인 경우도 있습니다.) 대행사 제작팀 입장에서 이런 실장님들은 소방관 같은 존재입니다. 진행되는 일이 너무 많을 때 이분들이 급하게 투입되기도 하고, 어려운 프로젝트에 이분들 도움을 받기도 하지요. 아이디어만 가지고 승부하는 일이다 보니 어지간한 실력으로는 살아남기 힘든 매우 빡센 직업입니다. 이번 인터뷰에서는 그 빡센 직종에서 무려 6년 넘게 롱런하고 있는 이병하 소방관을 만나보았습니다.

Q1 : 광고는 혼자서 만들기 힘들죠. 특히 광고 아이디어를 만드는 일은 더더욱 그렇습니다. 그 싸움을 6년 넘게 하고 있는 걸 보면 정말 대단합니다. 일단 자기소개를 부탁드립니다.

A1: 안녕하세요, 프리랜서 기획실장 이병하입니다. 저는 대학에서 광고를 전공하면서 카피라

이터라는 직업에 자연스럽게 관심을 가지게 되었고요. 웰콤, 엘베스트, 제일기획, 메이트에서 12년 정도 카피라이터로 재직하다가 퇴사하고, 지금까지 프리랜서 기획실장으로 일하고 있습니다.

Q2: 보통 기획실장의 경우 프로덕션이나 PD 컴퍼니 소속으로 일하는 경우가 많고 실장님처럼 계속 혼자 일하는 경우는 드문 것 같아요. 혼자서 하는 일의 장단점이 있다면 무엇인가요?

A2: 아무래도 혼자 일하다 보니까 어쩔 수 없이 멀티플레이어가 되어야 한다는 게 어려운 점이죠. 일을 받는 과정부터 스케줄 관리, 정산, 세금 처리까지 제가 전부 다 해야 하니까요. 그리고 백업해줄 사람이 없다 보니, 아프기라도 하면 업무가 올스톱된다는 것도 단점입니다.
  장점이라면, 혼자 생각하고 결정하니까 일의 진행이 상대적으로 빠르다는 것입니다. 시간 활용이 자유롭다는 것도 장점으로 꼽을 수 있겠네요. 물론, 마감에 쫓기다 보면 그런 자유는 기대하기 어렵습니다.

Q3: 광고라는 게 다른 사람의 아이디어를 듣고 보면서 얻는 인풋이 중요한 것 같아요. 어떻게 혼자서 롱런 하고 있는지 궁금합니다. 실장님은 어디에서 인풋을 얻나요?

A3 : 광고대행사에서 일할 때는 제작팀 선후배들뿐만 아니라 기획, 미디어, 리테일 등 다양한 분야의 사람들과 소통하면서 인풋을 얻게 되는데요. 전 그런 기회가 없다 보니 어려움이 있는 게 사실이죠. 그래서 평소에 수많은 콘텐츠와 정보를 끊임없이 탐색하는 편입니다. 유튜브, 각종 OTT, 다양한 인터넷 커뮤니티 게시판 글들을 보다 보면 다양한 분야의 트렌드들이 보이니까요. 남들이 보면 그냥 노는 것처럼 보이지만, 저에게는 업무의 일부입니다. (웃음)

Q4 : 혼잡러, 긱워커가 유행인데 이병하 실장님 이야말로 긱워커 1세대이지 않은가요? 노하우가 있다면 무엇인가요? 이쪽 세계에 들어오고 싶어 하는 후배들에게 한 말씀해주세요.

A4: 요즘은 워낙 다방면에 재능이 출중한 분들

이 많다 보니, 나만의 경쟁력… 뭐 이런 유의 말씀을 드리고 싶진 않고요. 건강 관리가 무엇보다 중요하다고 생각해요. 누군가에게 일로 선택받는다는 게 생각보다 훨씬 어렵고 냉정하더라고요. 잘하고픈 욕심에 무리하게 달리다 보면 일상이 무너지고, 결국 몸과 마음이 망가집니다. 그래서 사실, 오랫동안 프리랜서로 일하는 경우가 생각보다 드물어요. 나만의 루틴을 가지고, 워라밸을 지키려는 노력이 필요합니다. 지금 저에게도 가장 어려운 숙제예요. (아침형 인간이 되고 싶습니다…)

Q5: 혹시 다른 직업을 선택할 수 있다면 뭐를 선택할 건가요?

A5: 광고주… 무조건 광고주입니다.

3장

저 많은 사람들은
무슨 일을 하는걸까?

저 사람은 누구지?

개인적으로 사람들을 관찰하는 걸 좋아합니다. '직업적 관음증'이랄까, 뭐 그런 거죠. 처음 광고 촬영장에 가보고 너무 많은 사람들이 있어 깜짝 놀랐던 기억이 있습니다. 저 사람은 누구지? 무슨 일을 하는 사람일까? 저 장비는 뭐지? 궁금한 것 투성이였죠. 각 분야의 전문가들이 모여서 감독님의 진두지휘 아래 묵묵히 각자 할 일들을 해내는 촬영장 모습은 언제나 보기 좋습니다. 촬영장에는 여러 분야의 스텝들이 모입니다. 광고 촬영장에서 어떤 스텝들이 무슨 일을 하는지 한번 정리해봤습니다.

프로덕션팀

먼저 프로덕션팀은 광고 제작의 연출을 담당하는 팀입니다. 감독과 조감독, 프로덕션 소속의 PD 등으로 구성됩니다. 예산과 콘티에 맞게 스텝을 구성하고 광고 제작의 모든 제작물을 책임집니다. 감독 한두 명과 조감독, PD로 구성된 작은 규모의 프로덕션도 있고, PD로만 구성된 PD 컴퍼니도 있고, 다양한 형태와 규모의 프로덕션들이 있습니다.

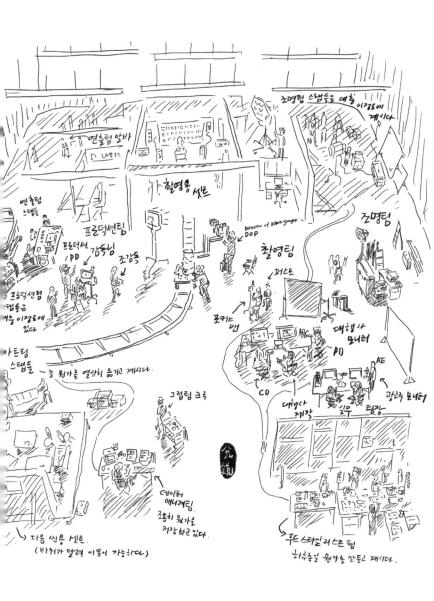

조명팀 스텝들도 대충 이길동에 계시다

연출팀 알바

연출팀 스텝들

↑ 촬영용 셋트

프로덕션팀

프로덕션/PD 감독님 조감독

Director of Photography DOP

촬영팀

조명팀

프로덕션 접들은 거슬 이길동에 있다

퍼스트

포커스맨

대행사 PD

아트팀 스텝들 늘 뭔가를 열심히 옮기고 계시다.

AE

그립팀 크루

CD 대행사제작 기무 팀장

광고주 모니터

데이터 매니저팅 조용히 뭔가를 저장하고 있다.

대행사제작 기무 팀장

↱ 다음 씬용 셋트.
(바퀴가 달려 이동이 가능하다)

↳ 푸드 스타일리스트 팀
하우즐 뭔가를 만들고 계시다.

연출팀

촬영 진행에 필요한 여러 가지 일들을 하는 크루입니다. 차량 통제부터 모니터링, 테이블 세팅, 아트팀이나 소품팀을 지원하기도 하며 뭔가 필요하면 후딱 가서 사 오기도 하고, 촬영 기자재를 옮기기도 하고, 정말 여러 일들을 합니다. 프로덕션 소속인 경우도 있지만 대부분 프로덕션 지원을 해주는 전문업체의 프리랜서로 일하는 경우가 많습니다. 주로 20대 후반의 영상 쪽 공부하는 학생들이 아르바이트로 하는 경우가 많고, 연출팀에 있다가 프로덕션 조감독으로 옮기는 경우도 많습니다. 여담입니다만 촬영장에 있던 잘생긴 연출팀 크루가 현장에서 계약서를 쓰고 바로 모델로 데뷔한 경우도 직접 봤습니다. 글로벌 프로젝트였는데 연출부에 아르바이트하러 갔다가 본의 아니게 글로벌 모델이 된 거죠. 연기 전공하는 학생이었는데 역시 사람은 잘생기고 봐야…

촬영팀

보통 촬영팀이라고 하면 카메라 크루, 데이터매니저 크루, 그리고 그립팀을 모두 포함한 팀을 말합니다. 카메

라 크루들은 DOP(Director of Photography: 촬영감독)를 중심으로 한 촬영을 담당하는 팀입니다. 감독 밑에 조감독이 있는 것처럼, DOP 바로 아래가 퍼스트, 그다음 세컨 이렇게 부릅니다. 정말 그림쟁이들이죠. 한 신을 촬영할 때마다 해당 신의 조명과 카메라 위치, 조리개 위치 등 촬영 데이터를 꼼꼼하게 촬영 노트로 정리하는 팀들도 있습니다. 독립된 회사로 운영하는 팀들도 있고 프로젝트 별로 움직이는 프리랜서 팀도 있습니다.

데이터 매니저팀

촬영 데이터를 백업하고 로우 데이터 EDL(편집 데이터)들을 담당하는 팀입니다. 보통 카메라팀 소속이며, 외장하드와 맥북으로 촬영 데이터를 백업하는 일을 합니다. 경우에 따라서 편집실 스텝이 같이 와서 가편집을 한다거나 영상 합성 가능 여부를 테스트하기도 합니다. 촬영장 한쪽에 조용히 노트북을 보며 외장하드들을 만지작거리는 분들이 보인다면 보통 데이터 매니저팀일 겁니다.

로케이션팀

촬영에 필요한 여러 가지 장소(촬영을 진행할 장소뿐 아니라 주차 및 식사, 대기 장소 등)를 직접 방문해서 섭외하고, 해당 기관에 촬영 허가를 받는 등 어떤 곳이든 촬영이 가능한 조건으로 만드는 팀입니다. 대한민국 안에서 사막을 연출할 수 있는 곳을 찾기도 하고, 감독이 생각한 그림을 완성할 수 있도록 만드는 팀입니다. 현장에서 즉석으로 섭외할 정도로, 넉살 좋고 부지런한 분들이 많은 팀입니다.

그립팀

　그립이라고 하면 보통 촬영에 필요한 다양한 장비들을 관리 운영하는 팀이라고 보면 됩니다. 촬영에 필요한 여러 장비들, 트랙, 달리 같은 전문 장비와 그 외 촬영에 필요한 여러 가지를 준비합니다.

아트팀

촬영에 필요한 소품을 준비합니다. 촬영에 필요한 소파와 가전, 가구, 테이블, 테이블에 놓을 여러 가지 소품, 모델이 들고 나올 여러 오브제들을 제작하기도 하고 대여해 오기도 합니다. 공간 연출을 담당하죠. 이쪽 분들도 정말 대단한 게, 200평 정도 되는 연구소를 뚝딱 만들기도 하고 놀이동산 회전목마를 통째로 만들어 오기도 합니다. 뭐가 됐든 촬영에 필요한 소품을 어떻게든 만들거나 찾아오는 걸 보면 정말 놀랍습니다.

아트팀과는 별개로 보양팀도 있습니다. 장소를 렌트한 곳에서 촬영하다 보면 촬영 장비나 소품들을 옮기다가 공간을 훼손하게 되는 경우가 있는데, 그걸 방지하는 팀이죠. 엘리베이터나 계단, 바닥을 보호할 수 있도록 패널을 붙이고 관리합니다.

조명팀

빛을 담당합니다. 조명 감독님을 중심으로 촬영에 필요한 조명 장비들을 관리하고 연출합니다. 밤을 낮으로 만들기도 하고 공간의 느낌과 분위기를 만들기도 하고, 제품의 디테일을 빛으로 살리기도 합니다. LED 기술이 많이

발전한 덕분에 한층 다양한 연출이 가능하게 되었습니다.

스타일리스트 / 헤어 메이크업팀

    등장인물들의 의상과 헤어 메이크업을 담당하는 팀입니다. 빅모델의 경우 모델의 헤어팀과 의상팀은 별도로 운영됩니다.

모델 에이전시

촬영에 등장하는 모든 모델을 섭외, 계약하는 일을 합니다. 조연부터 손 모델, 성인 모델, 아역 모델, 연극 모델, 엑스트라 등등 가리지 않고 전부 다 모집합니다. 그들과 계약부터 촬영 뒤의 일까지 거의 모든 일을 도맡아 한다고 보면 됩니다. 외국인 모델들만 전문적으로 담당하는 특화된 에이전시들도 있습니다.

푸드 스타일리스트팀

촬영에 필요한 음식의 연출을 담당합니다. 테이블에 놓여 있는 음식을 간단하게 준비하기도 하고, 햄버거 촬영이라고 하면 고기 패티만 몇십 개씩 제작하기도 하죠. 생각보다 노동량이 엄청납니다. 촬영 시작 한참 전부터 각종 음식 재료를 세팅하고 요리하고 준비합니다. (참고로 촬영용으로 제작하는 음식은 대부분 먹을 수 없는 것들입니다.)

씨즐팀 / 특효팀

광고에 등장하는 씨즐컷, 예를 들면 맥주가 글라스에 부어진다든가 햄버거 패티가 불 위로 떨어진다든가, 커피가 우유랑 섞인다든가 등등의 효과 연출을 담당하는 팀입니다. 다양한 재료들의 연출을 하고, 그에 필요한 여러 장비와 장치들을 제작하기도 합니다.

특효팀은 폭발, 안개 같은 특수효과부터 기계적인 장비의 연출이 필요할 때 도움을 받습니다. 굉장히 공학적이고 기계적이기도 한데, 의외로 굉장히 아날로그적인 방법으로 효과를 내기도 합니다. 여하튼 재미있는 일을 하는 분들입니다. 특효 전문 스튜디오가 따로 있기도 하고 장비를 제작해서 오기도 합니다.

오디오팀

촬영 현장에 있는 오디오팀은 이름 그대로 동시녹음을 하는 팀입니다. 촬영 때 조용히 어딘가에서 헤드셋을 끼고 뭔가를 만지작거리고 있는 분들이죠. 영상에 필요한 소리의 소스들을 직접 채취하기도 합니다. 영화 〈봄날은 간다〉의 유지태 같은 이미지랄까… 소리쟁이들이죠.

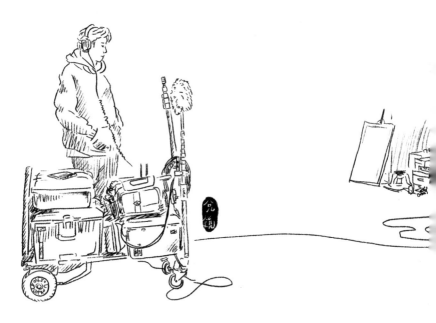

밥차(★매우 중요★)

대기중

식판과 수저
그리고 사발면.

이쯤에서
밥을열고

← 뒤로 갈수록
메인 메뉴가
나온다

제육볶음,
갈비찜등이
인기 메뉴

다 담았으면
식탁으로!

촬영 현장에서 가장 중요한 게 뭐냐고 물으신다면 당연 밥차입니다. 뭔가 좀 한심해 보인다고 생각하실 수 있는데 먹는 것만큼 중요한 게 어디 있겠습니까? 누가 뭐래도 밥차는 촬영장의 꽃입니다. 촬영 현장에서의 식사와 간식과 음료 등을 준비합니다. 맛있습니다. 특히 저녁 10시쯤 나오는 떡볶이는 정말… 게다가 요즘은 커피나 음료를 담당하는 커피 트럭과 밥차가 따로 있어서 기쁨이 두 배랄까요… 여하튼 여러모로 중요합니다.

전현직자 Q&A 3편

비전 홀딩스 3D 그래픽 디자이너 조형준

광고 제작에 있어서 VFX(시각효과: 흔히 말하는 '후반 작업'을 얘기합니다)의 비중은 점점 늘어나서 이제는 VFX 없는 광고는 찾아보기 힘듭니다. 광고라는 것이 원체 제작 시간에 쫓기는 일인데다 포스트 작업량이 점점 늘어만 가니 대행사 입장에서 실장님들을 보면 늘 죄송할 따름입니다. 비전 홀딩스의 조형준 실장님은 제가 가장 많이 괴롭혔던 실장님입니다. 엄청난 작업량과 난이도를 요구해도 살아있는 부처마냥 늘 온화하게 받아주시죠. 몇 마디 여쭤보았습니다.

Q1: 어떤 일을 하시는지, 어쩌다 이 일을 하시게 되었는지 궁금합니다.

A1: 저는 포스트 프로덕션에서 마야(Maya)라는 소프트웨어를 메인으로 사용하는 3D 그래픽 디자이너입니다. TV 광고 영상을 제작함에 있어 촬영으로 구현이 힘들거나 현실에 없는 어떤 것들을 3D 프로그램을 이용해 실제 촬영한 것처

럼 영상을 만드는 일을 메인으로 합니다.

Q2: 3D 파트는 이제 연출의 영역까지 들어선
것 같습니다. 화각과 그림의 톤, 렌더링의 질감
플레어 등 굉장히 많은 부분에서 연출이 멋지게
들어가던데요. 3D 아티스트 중에도 연출과 모
델러가 구분되어 있는지 궁금합니다. 팀의 구성
이 어떻게 되어 있나요?

A2: 1세대 3D 그래픽은 자막이나 단순한 모델
링의 형태만 구현 가능한 정도의 그래픽 수준이
었습니다. 이후 프로그램이 발전하고, 인프라
가 확대되면서 급격하게 수준이 향상됐죠. 현재
는 완벽한 Full 3D의 제작이 가능한 상황이라서
카메라로 촬영이 불가능하거나 촬영 여건이 되
지 못하는 상황을 대처하기도 합니다. 그로 인
해 연출을 총괄하는 감독님들과의 소통이 많아
졌고, 일정 부분 3D 작업자 또한 연출의 영역에
어느 정도 인벌브되었다고 보입니다.

광고나 영화 쪽에서는 3D 아티스트들을 크
게 스페셜리스트와 제너럴리스트로 나누는 경
향이 있습니다. 많은 컷과 긴 분량을 소화해야

되는 영화는 분업화와 구조적인 상황이 뒷받침되어야 제작이 가능하기 때문에 주로 각각 파트의 스페셜리스트로 구성되는 경향이 많고, 광고의 경우 1편의 제작을 위한 컷의 수와 구현하고자 하는 3D적인 요소의 양이 적지만 일정이 타이트하기 때문에 분업화 구조보다는 여러 방면에 다재다능한 제너럴리스트로 구성되는 경향이 많습니다.

저의 경우 14년 동안 광고 업무를 전문적으로 하다 보니 3D 업무의 많은 영역, 즉 모델링 텍스처링, 리깅, 에니메이션, FX 시뮬레이션, 라이팅 렌더링, 합성 등의 각각의 파트를 전반적으로 이해하고 업무를 진행하는 제너럴리스트로 자리 잡았습니다.

Q3: 3D 프로그램을 여러 개 쓰신다고 들었습니다. 어떤 것들인가요?

A3: 주로 사용하는 프로그램은 마야(Maya) 3D 소프트웨어이고요, 그 외에도 물 시뮬레이션 프로그램인 리얼플로(realflow), 모델링 텍스처링 프로그램인 Z브러시(Z-brush), 텍스처링 전문프로

그램인 서브스탠스 페인터(Substance painter), 어도비(adobe) 계열의 포토샵이나 일러스트 및 애프터이펙트(After Effects), 합성 프로그램인 누크(nuke) 등을 사용하고 있습니다.

Q4: 혹시 전공은 어떻게 되나요? 팀원들도 전공 분야가 각기 다른지 궁금합니다.

A4: 전공은 2년제 산업 디자인과를 나왔습니다. 제가 취업할 당시 선배들은 보통 주로 미대 출신이 많았지만 현재 팀원들을 보면 미대나 디자인 전공인 친구들은 많지 않습니다. 디자인과부터 미디어 관련 학과, 에니메이션과, 화학과, 공대 등등 다양하게 이루어져 있습니다.

Q5: 그때 잠깐 얘기 나눴던 것처럼 요즘은 다들 게임 쪽을 선호하고 광고 쪽은 지원을 안 한다고 하던데, 제 생각엔 이쪽 일에 대한 정보가 너무 적어서 그런 것 같기도 합니다. 본인이 하는 일의 장단점을 매력적으로 얘기해줄 수 있을까요? 이쪽 일도 도전해볼 만하다, 뭐 그런 취지의 호객행위를 짧게 해본다면요?

A5: 전반적으로 광고 쪽의 3D 제작 환경을 볼 때 영화나 게임회사에 비해 프로젝트 단위의 길이가 짧다 보니 프로젝트 진행 자체를 파트로 구분 지어 회사에서 파이프라인 구조를 만들어 진행하는 것이 비효율적인 부분들이 많습니다. 몇 년 전부터는 광고를 제작할 때도 앞서 말한 스페셜리스트의 필요성이 부각되면서 파트 실장님을 모시는 경우가 늘어나고 있지만, 비율적으로 인프라 자체는 제너럴리스트를 영입하는 데 주력하고 있습니다.

단순히 비교할 수는 없지만 대형화된 기업과 소형화된 회사라는 차이가 있는 게 아닐까 싶기도 하고요. 기본적으로 인식 자체가 광고를 전문으로 한다고 하면 힘들고 밤새는 일을 한다고 알고 있는 게 크게 작용하는 것 같습니다.

개인의 성향마다 다르겠지만 저의 경우 하나의 업무를 계속해서 하는 것보다 이런 저런 많은 경험과 새로운 것들에 대한 도전에 재미를 느끼는 편이라 이런 걸 즐기시는 분들에게는 굉장히 매력적인 일이 될 것 같습니다. 매달 프로젝트가 바뀌고 오늘은 신발 광고 다음달은 차 광고 어떤 달은 핸드폰 광고, 이렇게 다양한 업

무와 새로운 트랜드에 빨리 접근하고 있다는 게
재밌거든요.

전현직자 Q&A 4편

소리를 그리다 실장 진효진

오디오 프로듀서라고 하면 보통 녹음실에 있는 엔지니어를 생각하시는데 '소리를 그리다'의 사운드 디자이너 진효진 실장님은 현장에서 동시녹음을 담당하는 오디오 엔지니어입니다. 영상에 필요한 여러 가지 오디오 소스를 채집하고 만들죠. 영상 못지않게 장비도 잘 다루어야 하고 과학적으로 접근해야 하는 일입니다. 광고뿐 아니라 방송, 예능, 영화 경계 없이 소리를 만드는 다양한 일을 하는 진효진 실장님과 이야기를 나눠봤습니다.

Q1: 그 전에도 몇 번 뵌 적이 있겠지만 2019년 담양 촬영 때에야 제대로 인사를 나눈 것 같네요. 촬영 끝나고 합석한 식사 자리에서 굉장히 재미있는 이야기를 들은 것 같아 그것부터 여쭈어보고 싶습니다. 원래는 녹음실 엔지니어였다가 어떤 계기가 있어 동시녹음을 시작하게 되었다고 들었는데요, 조금 자세히 얘기해주실 수 있을까요? 어쩌다 지금 하고 있는 일을 시작하게 되었나요?

A1: 하루 종일 녹음실에만 앉아 있기에는 제가 활동적인 성격이기도 했고, 마침 광고 녹음실을 막 퇴사한 시기에 대학 동기가 "아프리카 갈래?"라고 제안했어요. 아프리카 출장을 같이 갈 사람을 찾고 있었는데 때마침 따라나선 거죠. 그렇게 동시녹음 일을 시작하게 되었습니다. 여행도 좋아하고 사람 만나는 것도 좋아하는데 딱 맞아떨어진 거죠. 아프리카 출장 계기로 지금까지 방방곡곡 전 세계를 누비며 재미있게 일하고 있습니다.

Q2: 동시녹음 일은 업무량이 어느 정도 되나요? 체력적으로 괜찮은가요?

A2: 영화, TV 프로그램에 비해 광고 녹음 업무는 여유 있는 편입니다. 보통 촬영 1시간 전에 현장에 도착해서 세팅을 합니다. 각자 맡은 역할과 촬영 컨셉에 따라 다르지만 녹음을 책임지는 사운드 믹서(Sound Mixer)와 붐 마이크를 담당하는 붐 오퍼레이터(Boom Operator) 그리고 어시스턴트(Assistant) 중 붐 마이크를 들어야 하는 붐 오퍼레이터의 체력과 기술이 가장 중요한 역할

을 합니다. 물론 누구든 긴 촬영에는 장사 없는 것 같습니다.

Q3: 자신이 하는 일을 간략히 한 문장으로 정의한다면요?

A3: 회사 이름인 '소리를 그리다'라고 생각해요. 동시녹음은 리얼하게 목소리를 녹음하는 것뿐만 아니라 광고의 톤앤매너와 목적에 맞게 자신의 생각을 담아내는 일입니다. 긴박한 상황에서는 숨 헐떡이는 소리와 침 넘어가는 소리까지 녹음하고, 크로마 촬영에서는 녹음실에서 합성 배경의 앰비언스를 넣어줄 것을 고려해 목소리만 명료하게 녹음합니다. 대나무 밭에서는 바람의 흔들림까지 담을지 안 담을지를 판단하고 소리 나는 대로 담는 게 아닌 마치 화가가 그림을 그리듯, 자신의 생각과 연출자의 의도를 소리로 그려나가는 일을 하고 있습니다.

Q4: 가장 기억에 남는 작업은 무엇인가요? 신기한 경험이었다든가 아찔한 사고였다든가 하는 일이요.

A4: 에티오피아에서의 촬영이 저에게 가장 기억에 남습니다. NGO 활동을 담는 프로젝트였는데 학생들의 운동장에 축구장을 만들어주고 집을 수리하고, 6.25 참전 용사들을 만나 6.25 전쟁에 참전했다는 이유만으로 핍박받던 지난 날들을 위로했죠. 촬영 외 시간마저도 출연자, 스텝 할 것 없이 모두 손발을 걷어붙여 NGO 활동에 온 힘을 다한 프로젝트였습니다. 한국으로 돌아와서도 자발적으로 사진전을 열어 후원도 했고요. 6.25 참전 용사들의 스토리에 감동받아 쓴 글이 코이카 저널에도 실렸는데, 정말 잊지 못할 기억을 만들어준 잊지 못할 추억입니다.

Q5: 현장에 올 때 챙겨 오시는 장비는 대충 어떤 것인가요?

A5: 사운드 믹서, 녹음기, 붐 마이크, 무선마이크, IFB(클라이언트와 프로덕션 크루들에게 들려주는 인이어 시스템) 등 녹음을 위한 장비들은 기본이고요, 특수한 경우에는 100개 이상의 IFB를 쓰기도 하고 여러 카메라를 동기화시키기 위해 타임코드 장비를 사용합니다. 그리고 대형 스튜디오

에서 일어날 수밖에 없는 울림을 감소시키는 노이즈 캔슬링 장비를 쓰기도 합니다.

Q6: 실례가 안 된다면 전공이 무엇인지 물어봐도 될까요?

A6: 음향 제작입니다. 놀기도 잘 놀고 공부도 열정적으로 같이 한 동기들이 지금도 큰 도움이 되곤 합니다. 첫 직장은 음향과는 관련 없는 일이었습니다. 재학 중 축제 협찬을 받기 위해 대기업을 찾아다니며 PT를 한 경험으로 전략기획 파트에 특채되었는데, 운명의 장난인지 일했던 사무실 바로 위가 녹음실이라 "지금 돈 몇 푼 더 버는 것보다 하고 싶은 걸 하자"라는 생각으로 첫 직장을 빨리 접고 이쪽 길로 들어섰습니다. 서울 비전 녹음실, TJ미디어, 대학강사, 라임라이트 스튜디오를 거쳐 지금 '소리를 그리다'라는 사운드 전문회사를 운영하고 있습니다.

Q7: 인사이트는 어디에서 얻나요? 그림쟁이들은 영화나 사진, 회화를 보면서 얻는 게 있듯이 실장님도 그런 소스를 얻을 때가 있나요? 있다

면 무엇인가요?

A7: 여행입니다. 일상에서 벗어나 나만의 시간을 갖고 새로운 사람들을 만나는 게 좋습니다. 맛있는 음식도 먹고 책도 읽고요. 여행은 나 스스로가 무얼 바라는지 깊게 생각할 수 있는 좋은 기회입니다. 여행이 주는 에너지가 일을 지속하게 하는 힘이 돼요. 또 일을 하면서도 여행이 주는 에너지를 간접적으로 받기도 하고요. 저에게 여행은 취미 이상의 에너지이자 인사이트입니다.

Q8: 혹시 다른 직업을 선택할 수 있다면 무얼 택하고 싶은가요?

A8: 다시 태어나도 지금 일을 다시 선택할 것 같습니다. 지금까지 사운드에 관련된 일들만 해왔고 다른 직업이 부러웠던 적도 없습니다. 돈을 많이 버는 어떤 직업도 지금의 직업을 포기시킬 만큼 재밌을 것 같지 않습니다. 그래도 굳이 다른 걸 고른다면 파일럿은 되어보고 싶네요. 여행도 자주 갈 수 있고 여유 있어 보여서

요. 세상에 안 힘든 일이 없다고 하는데 이왕 다 힘들 거면 지금 하고 있는 일이 좋아요.

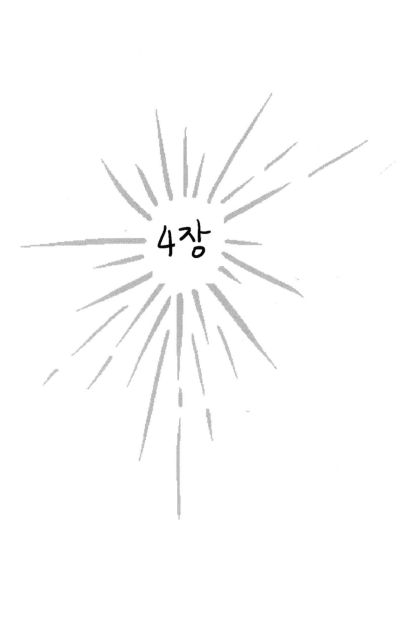

4장

아이디어는
어디에서 오는가

대행사 제작팀 이야기를 본격적으로 해보려 합니다. 다들 아이디어는 어떻게 생각해내는지, 레퍼런스들은 어디서 찾는지, 그런 시시콜콜한 이야기들을 포함해서요.

나름 페어한 경쟁

너무 당연한 얘기겠지만 제작팀은 아이디어를 잘 내야 합니다. 아무리 성실하게 출퇴근을 열심히 해도, 영어를 아무리 잘해도! 아이디어를 잘 못 내면, 광고 시안으로 잘 풀어내지 못하면 좋은 평가를 받을 수 없습니다. 크리에이티브만으로 평가받는다는 거, 무서운 겁니다. 멘탈 관리가 쉽지 않죠. 대신 동시에 굉장히 '페어'한 룰이기도 합니다. 아무리 좋은 학교를 나와도, 경력이 아무리 화려하더라도 좋은 아이디어를 못 내면 좋은 점수를 받을 수 없는 거니까요. 같은 내용의 OT를 받고 같은 시간 고민해서, 각자 나름의 방법대로 PT를 하고 승부를 보는, 아주 페어한 경기. 1년 차 신입 카피와 13년 차 아트 차장이 같은 자리에서 평가받는 공정한 게임. 좀 무섭지만 그런 곳이 광고회사 제작팀입니다.

페어한 게임을 통해 아이디어가 결정되면 그때부터는 협업의 형태로 업무가 진행됩니다. 정해진 아이디어의 원

안을 기준으로 카피와 아트가 롤을 나누어 아이디어를 정교하게 만듭니다. 현실적인 부분을 체크하고 그림을 같이 찾고, 카피를 같이 고민해서 더 좋은 아이디어로 발전시키는 거죠. 페어한 과정을 통해 아이디어를 정하고 다 같이 모여서 그 아이디어를 발전시키는 시간도 있는 겁니다. 저는 개인적으로 이 부분이 광고 제작의 매력이지 않나 싶어요. 적당한 경쟁과 협업이 있고, 늘 동료들을 통해서 배울 수 있다는 점이 광고의 가장 큰 매력이 아닐까 합니다.

노는 게 일입니다

제작들 사이에선 노는 게 일이라는 얘길 합니다. 맞아요, 어찌 보면 노는 게 일인 직업이 맞습니다. 이것저것 열심히 잘 노는 친구들이 트렌드도 빨리 읽고 아이디어도 잘 내고 못 보던 그림도 잘 찾고 힙한 모델도 잘 찾거든요. 사무실에서 아이디어 발상을 위해서라면 넷플릭스를 봐도, 업무 시간에 잡지를 보고 만화책을 읽어도 괜찮습니다. 회사도 이태원역과 강남역 근처니 주변에 핫플레이스도 많아서 점심 때마다 잘 돌아다닙니다. 뭐 여러모로 괜찮은 직업인 건 맞습니다. 그렇다고 아무 생각 없이 놀기

만 하면 안 되겠죠. 드라마를 보면서 캐릭터의 연출 방법을 유심히 보고 영화 연출을 통해 상황을 압축해서 보여주는 방법에 대한 힌트를 얻고, 편집 공부도 합니다. 롱 테이크는 어떻게 연출하는지, 망원과 클로즈업은 어떤 의미를 갖는지, 스토리는 어떻게 압축해서 전달하고 음악은 어떻게 쓰는지 등 많은 공부를 합니다. 잡지를 보면서 트렌드를 배우고 소설을 읽으면서 글쓰기를 공부합니다. 공연이나 전시를 보면서 다양한 인사이트를 얻고 트렌드를 배우죠. 말 그대로 노는 게 일인 겁니다.

논문도 읽습니다

놀면서 공부하기도 하지만 새로 캠페인을 시작하게 되면 여러 가지 읽기 힘든(싫은) 자료들도 봐야 합니다. 해당 브랜드나 제품의 연혁부터 히스토리를 공부해야 하고, 제품의 개발 과정이나 기술 발전에 관한 기초적인 여러 자료들, 관련 기술이나 서비스가 구현되는 원리와 해당 제품에 대한 신문기사들, 거기에 각종 통계 자료들과 서베이 자료도 보는데, 요즘은 기술 관련 특허 논문까지 봅니다.

　뭔가를 설명하고 설득하기 위해 자료를 보고 공부하는 건 당연히 필요한 과정인데, 요즘은 서비스 자체나 시장 상황이 워낙 복잡해져서 전자 제품이든 서비스든 뭘 시작하든 간에 공부를 좀 '빡세게' 해야 합니다. 플랫폼 비즈니스는 어떻게 돌아가고 앱 서비스의 구성은 어떻게 되며 매출과 수익은 어느 부분에서 발생하는지, 새로운 서비스는 왜 항상 이슈가 되는지, 해당 카테고리의 기술은 브랜드 별로 어떤 차이가 있는지, 이 소재의 특성은 무엇인지, 사업자들은 어떤 경쟁 구도를 가지고 어떻게 생존하고 있는지 등등 정말 전반적인 부분을 골고루 알아야 하거든요. 노는 게 일이기도 하지만 또 나름 어렵게 공부도 해야 합니다. 그래도 여러 브랜드를 담당하다 보니 짬이 좀 쌓이면 대강 이것저것 뒤져보는 스킬도 생기고 나름 기술이나 사회적인 흐름에 대한 이해도가 많이 는다는 장점이 있습니다.

여러 사람을 만나기도 하지요

앞서 말씀드린 대로 아이데이션을 하기 위해 이런저런 문서도 보고 영상도 보지만, 가장 많은 정보와 아이디어를 얻는 과정은 직접 사람을 만날 때인 것 같습니다. 프로젝트 OT를 받을 때도 광고주 마케팅팀 분들을 만나서 대면으로 들을 때가 더 이해가 쉽기도 하고, FGI(표적집단면접법, 인터뷰)를 하면서 소비자를 직접 만나면(예를 들어 보험 관련한 프로젝트라고 하면 보험 설계사 분들을 만나) 직접 얘기도 들을 수 있고, 궁금한 게 있으면 바로 물어볼 수도 있거든요. 일을 하면서 많은 사람들을 만나는 것도 이 일의 재미있는 부분 중 하나입니다. (일하면서 마케팅 담당자부터 세일즈 파트, 소비자 상담사부터 소방관 공무원 등등 꽤 많은 분들을 만나봤지만, 그중 가장 재미있는 분들이 개발팀 분들입니다. 뭔가 초반에는 좀 샤이한 느낌인데 이래저래 회의가 진행되면 굉장히 열정적으로 설명을 하시는 공통점이 있더군요. 어려운 기술을 최대한 쉽게 설명하려 노력하는 모습이 굉장히 순수해 보인달까, 그랬습니다.)

여하튼 괴로움과 즐거움은 늘 세트로 장착되어 있는 건가 봅니다. 잉여 시간에 이것저것 영화를 보고 놀면서 재미있는 공부를 하기도 하고, 괴롭게 논문을 읽기도 하고, 사업의 특징이나 금융같이 어렵고 괴로운 공부를 하기도 하고, 광고는 그런 밸런스인가 봅니다.

시동은 언제 걸리는가

저는 시동이 좀 늦게 걸리는 편입니다. 아이디어를 내야 하는 일이 생기면 일단 멍~한 상태에서 걱정부터 시작합니다. 아이디어 안 나오면 어쩌지, 주말에 어디 가기로 했는데, 그거 미뤄야 하나 등등 아이디어와는 별 상관없는 것들부터 걱정을 합니다. 그런 시덥잖은 고민을 하다가 웹 서핑도 하고 오티 브리프도 다시 보고 유튜브도 보

다가 '아 이럼 안 되지' 다시 멍 때리다가 '더 뭉개고 있다가는 진짜 큰일나겠는데'라고 느낄 때, 그때 딱 커피 한 잔을 하는데… 그때 뭐랄까 시동이 걸리는 것처럼 아이데이션이 시작됩니다. 카페인의 힘인지 뭔지 모르겠지만 중요한 건 시동이 걸리는 그 순간, 에너지를 전력으로 쏟아야 합니다.

아이디어 채집

OT를 받으면 '어떻게 풀까'의 고민이 24시간 이어집니다. 하루 종일 그 생각만 하는 건 당연히 아니지만 뭐랄까, 뇌의 한 부분이 계속 돌아가고 있는 듯한 느낌이죠. 이 시간 동안에 계속 고민하고 아이디어를 채집합니다.

아이디어를 채집하는 기본은 마음을 편하게 가지는 겁니다. 마음을 비우고 여유를 갖고 편한 마음과 자세로 TV를 보고, SNS를 하고, 커피를 마시며 일상을 보냅니다. 귀를 열어 주변의 대화에 집중하고 매의 눈으로 눈앞의 이미지를 체크합니다. 잊어버리지 않도록 가끔 뒷주머니에 넣어 놓은 오티 브리프를 꺼내 다시 읽어봅니다. 레이더 감도를 높여 먼 우주 너머의 신호를 채집하는 과학자의 마음으로 말이죠…

그렇게 시간은 흐르고 여지없이 안을 공개해야 하는 날이 다가오면, 빈 채집 통을 뒤로하고 밤새 쥐어짜기가 시작됩니다. 내 이럴 줄 알았지…

고삼 때 잘하면 돼

반짝반짝한 아이디어를 아무렇지도 않게 무심하게 툭 툭 잘 내어놓는 친구들이 있습니다. 그냥 술렁술렁 노는 것 같고 출퇴근도 성의 없어 보이고 고민도 깊게 안 하는 것 같은데 나중에 가져오는 거 보면 기가 막히는… '와 어떻게 저런 생각을 했지?' 싶은 친구들이 종종 있죠. 만약 그런 동기나 후배랑 같은 팀이 된다면… 그만큼 괴로운 일도 없습니다. 물론 긍정적인 면에서 자극도 되고 같이 일하면서 많이 배우기도 하지만 자존감 관리가 좀 힘들어진다는 문제가 생기죠.

저 역시 그런 친구가 있었습니다. 남들보다 늦게 광고를 시작한 데다 타고난 센스도 부족한 탓에 그 친구와 같이 일하는 내내 너무나 힘든 시간을 보냈습니다. 똑같은 OT를 받고 비슷한 레퍼런스를 보는데 난 왜 저런 생각을 못하나, 난 재능이 없는 걸까, 아님 노력이 부족한 건가, 지금이라도 다른 일을 알아보는 게 좋으려나… 꽤 오랜 시간 괴로워했었죠. 차라리 열심히 안 하고 결과가 이렇다면 좋겠는데, 최선을 다 하고, 두 배 세 배의 시간을 투자했는데도 결과가 늘 참담했으니 말이죠. 다행인 것은 그 친구의 성격이 워낙 좋았고 저와의 관계도 좋았던 터라 그래도 덜 괴로웠던 기억입니다. 만약 내가 인간적으로 싫어하는 사람이었다면… 어쩌면 지금쯤 저는 다른 일을 하고 있을 수도 있겠죠. 여담이지만 그 친구는 일찌감치 CD가 되어 모 광고대행사의 대표선수로 아주 잘 지내고 있습니다.

만화가 이현세 선생님이 "천재를 만나면 먼저 보내주

는 게 상책이다"라는 글을 보고 큰 힘을 얻었다는 얘길 들었는데, 저의 경우는 모 상무님께서 해주신 말씀이 기억에 남습니다.

"괜찮아. 고삼 때 잘하면 돼."

필요한 타임에 집중해서 잘하라는 의미도 되고 일에는 기복이 있으니 걱정 말고 나중에 잘하라는 의미도 있는 것 같습니다. 재능이 있는 사람도 기복이 옵니다. 살면서 재능 있는 친구를 몇몇 만나봤는데 어떤 면에서는 오히려 독이 되는 경우도 보았습니다. 너무 잘해서 흥미를 잃는 경우도 보았고 잘하다가 슬럼프가 올 때 한없이 무너지는 친구도 보았죠. 무슨 일이건 길게 보고 꾸준히 하는 게 제일인 것 같습니다. 시간이 흘러 운이 좋게 CD가 되었고 제가 했던 그 고민을 똑같이 하는 후배들을 만나면 저도 가끔 던지는 말입니다. "괜찮아. 고삼 때 잘하면 돼."

그리고 또 한 가지 다행인 것은 광고에는 재능도 중요하지만 경험 역시 중요하다는 점입니다. 연차가 어릴 때는 아이디어 발상 능력이 중요하지만 연차가 높아질수록 경험에서 오는 노련함과 통찰력이 필요하거든요. 재능이 없는 저 같은 사람도 이렇게 저렇게 여기저기서 잘 버티다 보면 먹고살만한 스킬이 생긴달까 뭐 그렇습니다.

'재능보다 노력이 중요하다', '꾸준함 없는 재능은 무의미하다' 뭐 이런 얘기가 아닙니다. 기왕이면 재능이 있는 편이 여러모로 좋죠. 제가 드리고 싶은 얘기는 타고난 재능도 중요하지만 시간을 두고 쌓아온 경험도 재능만큼 중요한 자산이 된다는 이야기입니다. 그리고 그 재능도 열심히 하다 보면 조금은 생긴다는 거죠.

그래서, 아이디어는 어디에서 오는가

광고회사 사람들은 아이디어를 어디서 얻게 될까요? 뭐 당연히 온라인에서 얻게 되는 것들이 많긴 합니다. 유튜브, 비메오, 핀터레스트 등등 SNS나 커뮤니티 통해서 많은 걸 보고 스크랩 하면서 인사이트를 얻곤 하죠. 게다가 각종 OTT 덕에 영화나 드라마, 다큐 등등 넘쳐나는 영상들도 한몫 합니다. 그래도 전 개인적으로 여전히 잡지에서 좀 많은 게 나오지 않았나 싶습니다. (고인물이라 그런가…) 잡지를 뒤적거리면서 이런저런 생각도 하게 되고 기사나 정보도 얻죠. 요즘은 독서량이 확 줄긴 했지만 뭔가 생각이 안 풀릴 때는 잡지를 먼저 들게 되더군요. 광고회사 사람들은 어떤 잡지를 보는지 한번 간단하게 정리해봤습니다.

브랜드 다큐멘터리 매거진, B
과월호의 굴레를 벗어던진 혁명!
모으는 재미와 공부하는 재미 모두 ↑
배달의 민족과 같이 한 F도 볼만 함

'브랜드 매거진 B'입니다. 잡지의 틀을 벗어난 혁신. 브랜드의 바이블. 골라보는 재미도 있고 내용도 알차죠. 나름 하나하나 모으는 재미도 있고 모아두면 뭔가 있어 보이기도 하고요. '브랜드'에 대한 이해를 높이기 위해 추천하는 잡지입니다.

2007년 등장한 영국 잡지 모노클
국제정치, 예술 등 라이프 스타일 전반을 다룸

영국 잡지 '모노클(MONOCLE)'입니다. 월페이퍼를 창간한 타일러 브륄레(Tyler Brule)가 2007년에 시작했습니다. 탑 비즈니스맨들을 타깃으로 국제 정치부터 예술까지 폭넓은 전반적인 문화 트렌드를 제공하는 글로벌 시사 잡지입니다. 뭔가 잡지보단 책 느낌이죠. 책상 한구석에 있으면 뿌듯해지는 착각이 들곤 합니다. 글로벌 트렌드를 빨리 읽어내기에 좋습니다. 뉴스레터도 꽤 괜찮다고 하더군요.

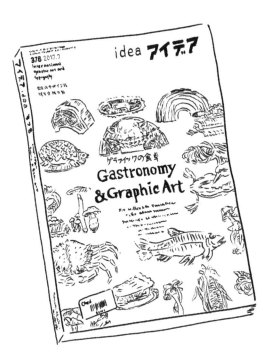

일본 디자인 매거진, idea
그래픽아트, 타이포 등등 참고할 만한 것들이 많음

디자인 매거진 '아이디어(idea)'입니다. 그래픽 아트, 타이포부터 전반적인 시각디자인을 망라합니다. 아트디렉터들이 보면 참고할 만한 것들이 꽤 있습니다. 일본이 예전 같지 않아서 조금 아쉽긴 하지만 레이아웃이나 타이포 때문에 가끔 보는 잡지입니다. 웹에서는 찾기 힘든 소스들이 간간히 들어 있어서 과월호도 뒤적거려 볼만 합니다. 일본 잡지이고 계간으로 출간됩니다.

차분히 글 읽기 좋은 잡지
소소하지만 소소하진 않음

꽤 오랫동안 사랑받는 잡지 '페이퍼(PAPER)'입니다. 무려 1995년에 창간됐습니다. 예전처럼 자주 나오진 않고 계간 형태로 나오는데, 짧고 톡톡 튀는 글이 많습니다. 기획기사들도 수준이 높고 잔잔하게 읽기 좋습니다. 전자책으로도 출간된다고 하네요.

광고대행사라면 발에 치이는 책 '아카이브(ARCHIVE)'입니다. 각종 광고 모음집이라고 보시면 됩니다. 해외수상광고들이 많고 이게 과연 온에어 된 광고인가 싶을 정도로 파격적인 것들이 많습니다. 2000년대 초반까지 아카이브는 그야말로 레퍼런스 보물창고였죠. 요즘은 웹에서 많은 정보를 얻기 때문에 인기가 조금 시들해진 느낌입니다. 독일 잡지고 계간으로 출간됩니다.

'지큐(GQ)'입니다. 사진 연출이 좋아서 아트들이 많이 봤었는데 이충걸 편집장님 시절의 지큐는 카피라이터들의 추천 잡지이기도 했죠. 길지 않고 간결하게 문장을 소화하는 특유의 글발로 카피라이터의 배를 부르게 하는 잡지였습니다. 지금도 지큐만한 잡지를 찾기는 힘들죠.

아카이브와 함께 광고대행사라면 봐야 하는 책 중 하나인 '애드에이지(AdAge)'입니다. 세계 최대의 광고 잡지입니다. 마케팅, 광고 홍보 업계 전반의 소식과 모니터링, 조사 등 꽤 유용한 정보들이 많습니다. 자료 조사할 때 많은 도움이 됩니다.

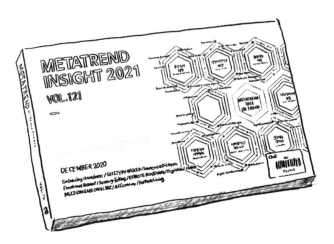

후덜덜한 가격만큼 꽉 찬 정보를 담은 '메타트렌드 인사이트(METATREND INSIGHT)'
입니다. 회사 도서관 대여 랭킹 상위권을 자랑하는 이 잡지는 매달 다른 주제로 마케팅
정보를 소개합니다.

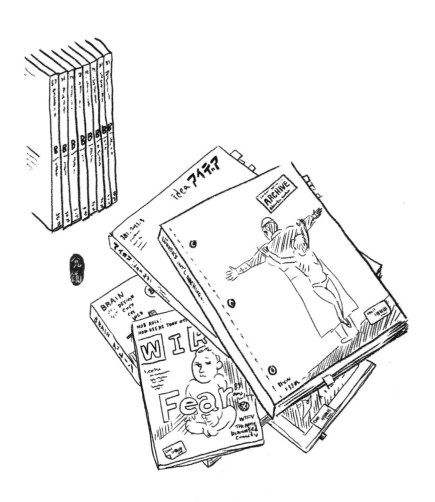

그 밖에도 여러 잡지들이 있습니다. 지면 광고를 만들 때는 일본의 '애드 셀렉트(Ad Select)'를, 컴퓨터 그래픽을 참고할 때는 홍콩의 '아이디엔(idn)'을, 전자제품이나 차량 등 기계적 테크놀로지에 대한 인사이트가 필요할 때는 영국의 'T3 매거진(T3 Magazine)'이나 미국의 '와이어드(Wired)'를 주로 봤습니다. 라이프 스타일을 참고할 때는 미국의 '킨포크(Kinfork)'나 일본의 '카사(Casa)'를 참고하곤 했네요.

요즘은 뭐 어디서든 노트북만 열면 거의 모든 정보들이 나오지만, 팀원 시절 OT를 받고 나서 일단 자료실에 가 잡지나 DVD를 뒤적거리는 걸로 아이데이션을 시작하던 때가 있었습니다. 묵혀 뒀던 잡지들을 쌓아두고 "자 이 안에 뭔가는 있겠지" 하며 잡지를 후루룩 넘겨보고, 머리를 비우고 이것저것 보면서 괜찮은 그림, 글에 포스트잇으로 하나둘 마킹도 하고, 조금씩 생각을 정리하고 필요한 자료는 스캔도 받고, 메모도 하던 시절이 그립기도 합니다.

카피라이터와 아트디렉터의 즐겨찾기

그래도 편리함으로는 잡지나 책보다는 역시 웹이죠. 주가를 올리고 있는 현직 카피라이터와 아트디렉터의 즐겨찾기를 슬쩍 훔쳐와 봤습니다.

12년 차 카피라이터의 즐겨찾기
(제일기획 신은혜 카피라이터)
유튜브 www.youtube.com / 캐럿 www.careet.net /
뉴스페퍼민트 www.newspeppermint.com

신은혜: 유튜브의 '인기 급상승 동영상'을 챙겨 봅니다. 관심과 취향이 빠르게 변하는 요즘, 사람들이 무얼 좋아하는지 힌트를 얻을 수 있거든요. 또한 Z세대의 최신 근황을 소개하는 '캐럿' 사이트도 즐겨 봅니다. 밀레니얼 세대인 저는 가끔 Z세대의 문화를 이해하지 못하는 경우가 있습니다. '세대 차이'라는 게으른 핑계를 대고 싶진 않아요. 공부를 해서라도 세대의 갭을 좁히려고 노력합니다. '뉴스페퍼민트'는 세계 정치, 경제 경영, 과학 의료 등 다양한 분야의 외신을 골라서 번역해 올리는 뉴스 큐레이션 사이트인데요, 지식을 편식하지 않기 위해 읽고 있습니다.

"창의성은 발명이 아니라 발견이다"라는 유명한 말이 있죠. 저 역시 크리에이티브는 무에서 유를 창조하는 것이 아니라 '기존의 유'에서 '새로운 유'를 발견하는 일이라고 생각합니다. 그래서 인터넷 세상뿐 아니라 제 주변을 자세히 들여다보고 귀 기울이며 발견한 문장, 이미지, 음악, 감정, 생각 들을 저의 마음속에, 몸속에, 기억 속에, 그리고 '도서관'이라고 이름 붙여놓은 저의 컴퓨터 폴더 속에 저장해 놓습니다. 아마도 모든 크리에이터는 수집광일 거예요.

신은혜 카피라이터의 SNS 구독 리스트: @vikkeview @kaeptive @abbey_lossing

14년 차 아트디렉터의 즐겨찾기
(제일기획 김대원 아트디렉터)

위든앤케네디(Wieden&Kennedy) www.wk.com / 아트오브더타이틀 www.artofthetitle.com / 프롤로그 www.prologue.com / 유튜브 왈도 www.youtube.com/c/WLDO100 / 자이언트앤트 www.giantant.ca / 가와시와사토 www.kashiwasato.com / 휴비즈 www.fubiz.net / 어포스트어페어 aposteraffair.tumblr.com

김대원: 위든앤케네디 www.wk.com

개인적으로 이 시대 최고의 광고대행사라 생각하는 위든앤케네디의 홈페이지를 참고합니다. 한국적인 인사이트는 아니지만, 글로벌적인, 누구나 공감하는 인사이트를 찾기 위해 가장 먼저 기본적으로 들어가 보는 광고의 참고서 같은 사이트죠.

아트오브더타이틀 www.artofthetitle.com
수많은 아이디어와 실험적인 기법들, 영화의 내용들을 함축적으로 녹여내는 이 사이트는 개인적으로 영화의 백미라고 생각합니다. 길고 긴 호흡의 영화를 그래픽적이고 함축적인 표현과 연출 안에서 새롭게 보여줘서, 창의적인 아이디어를 찾을 수 있게 하죠.

프롤로그 www.prologue.com
'아트오브더타이틀'과 마찬가지로 다양한 영상 콘텐츠의 타이틀 및 프롤로그를 소개하는 사이트입니다. 영화 타이틀을 망라해, 다양한 콘텐츠의 프롤로그를 접할 수 있습니다. 마감이 임박한 아이디어를 짤 때 넋놓고 보다가 시간을 다 잡아먹을 수 있다는 것이 함정이죠.

유튜브 왈도 www.youtube.com/c/WLDO100
유튜버 왈도 채널은 마케터 입장에서 정리한 세계 광고들을 한국어 버전으로 소개하는 유튜브 채널입니다.

마케터 입장에서 보는 인사이트와 새로운 광고 트렌드를 확인하기 위해 구독하고 있습니다.

자이언트앤트 www.giantant.ca
캐나다에 있는 일러스트를 기반으로 한 모션 그래픽 회사 홈페이지입니다. 기존 촬영 연출 외에 일러스트로 표현할 수 있는 신선한 표현 방식을 보고 영감을 얻기 위해 방문하는 사이트입니다.

가와시와사토 www.kashiwasato.com
일본 디자이너 가와시와 사토의 작업물을 소개하는 사이트입니다. 건축과 디자인, 브랜딩을 넘나들며 활동하고 있는 디자이너의 작업물을 시기하고 질투하며 둘러보다 보면, 아주 가끔 '요것 봐라?' 하는 아이디어를 건질 때도 있습니다.

휴비즈 www.fubiz.net
그래픽, 디자인, 사진, 테크놀로지를 망라하는 다양하고 실험적인 작업물들을 소개하는 사이트입니다. 뻔하디 뻔한 아이디어에서 헤매고 있는 순간에 가끔 새로운 연결점을 찾아주는 사이트죠.

어포스터어페어 *aposteraffair.tumblr.com*

사진과 타이포의 레이아웃 분야에서 영화포스터보다 긴 역사를 가지고 다양한 실험을 한 장르가 과연 있을까 싶습니다. 인쇄 레이아웃을 고민할 때 가장 먼저 찾아 들어가는 사이트죠. 각종 영화 포스터들을 모아놓은 텀블러 페이지입니다.

타인의 레퍼런스

원래 아이디어라는 것이 뭔가를 보면서 영감을 받아야 떠오르는 거라(표절과는 다른 얘기입니다) 제작이라면 레퍼런스 폴더 하나씩은 가지고 있습니다. 다람쥐가 도토리 모으듯 소중하게 하나하나 태그를 달아 놓기도 하고, 폴더별로 정리해 넣기도 합니다. 외장하드 하나에 다 때려 넣어두고 기억력으로 검색하는 친구도 있죠. 각자 스타일로 정리해두고 프로젝트 시작할 때마다 기도하는 마음으로 열어보곤 합니다.

여하튼 레퍼런스라는 게 제작하는 사람들에겐 그렇게 소중한 것인데, 사람 마음이 그렇듯 남의 떡이 더 커 보이기 마련이죠. 다들 뭐 괜찮은 거 없냐며 남의 폴더를 기웃거리곤 합니다. 그러다 누군가가 "옛다 기분이다"라며 하

나 던져줄 때도 있습니다. 고고학자가 뭐 잔뜩 들어 있는 무덤 하나 발견하면 그런 기분일 겁니다. 저 안에는 뭐가 들었을까, 얼마나 좋은 게 들어 있으려나 하는 신나는 마음에 하루 종일 타인의 폴더를 탐닉합니다.

　그런데, 내가 정리해 놓은 게 아니면 내 자료가 되지 않더라는 거죠. 분명 훌륭한 소스들이고 내가 모르던 것들도 많긴 한데, 아이디어로 연결이 안 된다고 할까, 뭔가 링크가 안 된다고 할까, 그렇습니다. 아마 뭔가를 보고 "앗 이거 뭔가 좋은 소재가 되겠다!"라고 생각한 과정이 빠져 있어서 레퍼런스만으로는 아이디어로 연결되지 않는가 봅니다. 인간의 뇌는 정말 신기한 것 같아요.

　문제는 저렇게 남의 레퍼런스를 받아서 열어볼 때가 아이디어를 공개하기 전날인 경우가 많다는 거죠. 슬픈 일입니다. 하지만 또 인간의 뇌는 굉장해서 급하면 어떻게든 뭔가 한두 개쯤 뚝딱 만들어내곤 한답니다.

중독자들

광고업은 뭐든 중독이 잘되는 사람들이 모이는 곳인지, 다들 뭐든 한두 가지씩에는 중독되어 있는 경우가 많습니다. 가장 많은 게 카페인 중독. 뭐 커피야 대한민국 모든 직장인이 중독되어 있으니 그렇다 쳐도 그 밖에 게임, 오디오, 캠핑, 세차, 요리, 여행, 자전거… 종류도 다양합니다. 저희 제작 본부 CD 중엔 온라인 게임에 1억이 넘는 돈을 쏟아 부은 분도 있습니다. 게임은 끝을 봐야겠고, 시간은 없고 하다 보니 그렇게 된 거죠. 새로운 게임이 나오면 일단 깔고, 아이템을 잔뜩 사서 레벨을 올린 다음에 3~4일 안에 끝을 보는 겁니다. 시간을 돈으로 사는 거죠. 물론 그분도 결혼 이후 그 생활은 접었다고 하니 참 다행입니다. 덕분에 회사에 게임 전문가로 입소문이 나는 바람에 나름 그간 투자한 가치는 있었던 것 같네요.

그 밖에도 매주 주말만 되면 남편과 아이를 데리고 캠핑을 떠나는 아트 분도 있고, 스트레스 받을 때마다 셀프 세차를 가서 네다섯 시간씩 광을 내고 오는 분도 있고, 뭔가를 배우는 데 중독되어 요리부터 도자기, 책 만들기 등

등 온갖 학원을 다니는 분도 있고… 그런데 그렇게 중독이 쉽게, 깊게 되는 사람들이 일도 잘합니다. 여하튼 이쪽은 중간이 없습니다. 뭔가 하나에 꽂히면 끝장을 보는 그런 인간들이 쌓이고 쌓인 게 광고업 쪽이죠. 보통의 인간은 찾기 힘든 그런 곳. 중독자들 집합소. 그러다 보니 뭐 하나 개인적으로 관심 가는 게 있으면 뭐 물어보기는 정말 좋습니다. 회사에 한두 명은 꼭 중독자들이 있으니까요.

은둔형부터 자기학대형까지, 별난 아이데이션 유형

제작팀 특성상 다들 한 개성들 하기 마련인데 아이데 이션 하는 유형도 제각각입니다. OT 받고 사라지는 '은둔 형'부터, 무슨 취재기자처럼 자료 조사부터 하는 친구들도 있고, 어렵다고 걱정부터 시작하는 친구들도 있죠. 오랜 관찰을 통해 유형을 조금 나누어봤습니다.

a. 은둔형: 카페건 본인의 집이건 회사 휴게실이건 어딘 가 자신만의 공간에 짱 박혀야만 아이디어가 나오는 장소 집착형 인간. 하지만 딱히 빨리 끝내거나 하지는 않는다.

a. 은둔형.

b. 사무직형: 마치 은행원처럼 회사 자리에서 키노트를 열어두고 집중해서 끝내는 타입. 엉덩이가 무거운 편이고 어렸을 때 엄마 말씀 잘 들었을 것 같은 모범생류. 워라벨이 중요한 타입.

c. 리싸이클형: 자신이 냈던 아이디어를 뒤적뒤적해서 재창조하는 유형. 다른 유형의 인간들도 시간이 없으면

막판에 리싸이클형으로 돌변함.

d. ADHD형: 정신없이 이것저것 하면서 아이디어를 수집하는 타입. 이 유형은 천재이거나 ADHD이거나 둘 중 하나다.

e. 자기학대형: 내일이 회의인데 안이 두 개밖에 없다니 난 멍청이야! 자신을 학대하며 안을 짜내는 유형. 대부분 안을 잘 짜오는 사람들이 많은데 이런 사람이 팀장이 되면 흠좀무… (나 때는 정말 고민해서 안을 가져왔는데 너네들은 왜…)

f. 바리에이션형: 안의 개수에 집착함. 비슷비슷한 안들을 다량으로 융단폭격하는 타입. 보통 쓸만한 게 없는 경우가 많음.

애정의 총합, 밈(MEME)

아이디어가 밈에서 출발할 때가 종종 있습니다. 밈에 스토리텔링이 압축되어 있기도 하고 이미 사람들이 많이 알고 있기 때문이기도 하죠. 한때 밈 마케팅이 유행하기도 했고 저 역시 많이 들고 가서 팔아보곤 했더랬죠.

밈으로 안이 정리되면 광고주에게 보고하기 전에 모델 쪽과 실현 가능한지 여부(피저빌리티)를 체크합니다. 이러 저러한 밈으로 광고를 만들 건데 의사가 있는가 체크하는 건데, 거의 대부분 본인의 밈에 대해 부담스러워 합니다. 버거킹 사딸라 편 제작할 때 김영철 선생님의 경우도 굉장히 부담스러워 하셔서 조심스럽게 이유를 여쭤봤더니, "그때 같이 그 작업을 했던 사람들, PD나 작가분들에게 누가 되는 거 같다"는 말씀을 하시더군요. 다 같이 고생해서 만들었던 작품인데 그걸 동의 없이 상업광고에 이용한다는 부담도 있고 열심히 만든 작품을 희화화 하는 게 아닌가 하는 부담감 같은 거죠.

또 다른 어떤 모델 분께선 "사실 날 놀리는 것 같아 유쾌하진 않다"고까지 말씀하시더군요. 솔직히 아이데이션 하는 입장에선 그렇게까지 부담스러워 하실지 몰랐습니

다. 그런데 입장 바꿔서 생각해보니 이해가 갑니다. 연기자로서 과거의 이미지에 매몰되는 것 같은 부담도 있을 것 같고, 밈이 되어버린 자신의 모습이 맘에 안 드실 수도 있을 테고, 뭔가 부끄럽기도 하고 그런 마음일 듯합니다.

여하튼 본인이 밈을 부끄러워하거나 싫어하는 경우 사전 합의 없이 안이 팔린다면 매우 곤란한 상황들이 발생합니다. (물론 모델 측에 밈의 사용에 대한 논의를 먼저 하고 광고주 쪽에 제안합니다만, 가끔 그 과정을 놓치는 경우나 연락이 안 된 상태에서 문제가 벌어지기도 합니다.) 아이디어는 밈으로 팔렸는데, 모델은 안 하겠다고 하고, 광고주는 이미 강렬하고 재미있는 걸 봐버렸으니 다른 걸 아무리 만들어서 제안해봐도 눈높이가 안 맞고… 거참 난감하죠.

결국 광고라는 건 모델도 브랜드도 윈윈해야 하는 것이라, 이런 조율과 설득이 밈 마케팅에서는 꽤 어려운 부분입니다. 거꾸로 본인의 밈을 적극적으로 고려해달라고 먼저 연락해오는 경우도 있긴 합니다만.

밈이라는 건 애정의 총합 같은 겁니다. 사람들은 자신이 싫어하는 걸로 밈을 만들지 않죠. 간혹 조롱의 의미로 쓰이는 경우도 없지는 않습니다만, 그런 밈의 경우 오래가지는 않더라고요. (대부분 정치인들 밈이 그렇긴 하네요 흠…)

성장의 시간, 아이디어 회의

"자 그럼 누구 아이디어 먼저 볼까?" 별거 아닌 거 같지만 속칭 '안을 까는 순서'는 생각보다 중요합니다. 나중에 할수록 뭔가 심리적으로 유리한 느낌이랄까? 그렇습니다. 제가 팀원이었을 때는 막내부터 발표하는 게 국룰이었습니다. 막내부터 고참 순으로 하나하나 안을 보는 거죠. 그런데 그러다 보면 다른 사람의 안을 들으면서 그 자리에서 안을 한두 개씩 짜는, 혹은 카피를 슬쩍 수정하는 팀원들도 생기더군요. 그래서 지금 저희 팀은 가위바위보 내지는 악어이빨이나 해적 인형 같은 걸로 순서를 정하곤 합니다. (나름 페어하죠?)

그렇게 정해진 순서대로 한 명씩 자신의 안을 설명합니다. 연기파도 있고 논리파도 있고 막가파도 있고 다양합니다. 각자 안을 설명하는 방식도 형식도 다 다르죠. 어쩌면 가장 많은 걸 서로 배워가는 시간이 아닐까 합니다. 똑같은 OT를 듣고 어쩜 이렇게 모두 다른 생각을 하는지 감탄하는 자리죠. 거기에 왜 나만 빼고 다들 이렇게 잘 풀어왔나 하는 자괴감은 덤으로…

아이디어 회의를 통해 본인의 프레젠테이션 스킬이 성장하기도 하지만 다른 사람의 아이디어나 PT 하는 모습을 보는 것도 큰 성장 동력이 됩니다. 카피가 촌스럽군, 어디

서 본 것 같은데… 같은 삐딱한 마음보다는 '오 저걸 저렇게 붙이니까 아이디어가 완성되는구나' 혹은 '레퍼런스를 먼저 보여주는 것보다 안을 설명하고 보여주는 게 더 이해가 쉬울 수 있구나' 이런 좀 긍정적인 열린 마음이 필요하지요. 다른 사람이 깊게 고민한 생각을 들어볼 수 있다는 게 광고를 하는 즐거움 중 하나가 아닌가 싶습니다. 정말 해보면 알 수 있는데 제작자 열 명이 모이면 열 명 모두 각자의 방식으로 설명을 한다니까요. 꽤 볼만 합니다.

어찌어찌 해서 될 성싶은 아이디어들을 추리고 난 다음에는 다 같이 모여서 디벨롭을 합니다. 아트디렉터는 그림을, 카피라이터는 카피를 정리합니다. 필요하면 아트들이 콘티 발주를 주고 아이디어에 따라서, CD의 스타일에 따라서 BGM도 깔고 PT 용 키노트를 만듭니다. 보통 한 번에 3~4개의 안을 준비하는데 저는 이렇게 순서를 정합니다.

A안: OT에 충실하긴 한데 좀 뻔한 느낌의 기본안.
B안: 팔릴 만한 안.
C안: 뭔가 안 팔릴 것 같은데 꼭 한번 해보고 싶은 안.

의외로 C안이 팔리는 경우가 왕왕 있습니다. 아마 부담 없이 설명해서 그런 것 같기도 하고 마지막이라 좀 마음에 여유가 있어서 더 잘 설명하게 되어서인 것 같습니다.

전현직자 Q&A 5편

러브앤드머니 감독 김장훈

김장훈 감독님과는 인연이 많습니다. 완전 아기아기한 조감독 때부터 봐왔죠. 장훈 조감독님의 첫 해외 촬영도 함께했었고, 감독 입봉 후에도 여러 작업을 같이 해보았습니다. 긴 시간 동안 한 발짝 떨어져서 감독으로 성장하는 모습을 지켜보다 보니 딱히 해드린 건 없지만 굉장히 보기 좋고 뿌듯합니다. 질문을 몇 가지 해봤습니다.

Q1: 간단한 소개와 더불어 전공이 무엇인지, 어떻게 광고일을 하게 된 건지 말씀해주세요.

A1: 현재 러브앤드머니 프로덕션 소속 감독으로 영상을 만들고 있는 김장훈이라고 합니다. 전 원래부터 광고 감독이라는 꿈 혹은 목표를 가지고 대학에 지원하지는 않았습니다. 제가 나온 과는 방송연예과였고, 전공은 연출 전공이긴 했으나 드라마 PD 혹은 영화감독이 되고 싶은 마음이 오히려 더 컸지요. 광고일을 시작하게 된 건 군대 전역 후 친한 학교 선배가 광고 프로덕

션에서 조감독 일을 하면서 제게 연출부 일을 도와달라고 부탁하면서부터예요. 이때부터 연출부로 나가는 횟수도 많아지고, 다른 프로덕션 연출부로도 나가게 되면서 자연스럽게 광고일에 익숙해졌죠. 그리고 대학 졸업 후에 방송국이나 영화 쪽이 아닌 광고 프로덕션(백종열 감독님이 계신 617)의 조감독으로 입사하게 되면서 여기까지 오게 되었네요.

Q2: 감독님 인스타그램을 보면 평소에 영상을 엄청나게 보시는 것 같아요. 주로 뭘 보고 얼마나 보나요? 인사이트를 어디에서 얻는지도 궁금합니다.

A2: 제가 존경하는 교수님이 대학생 시절 하셨던 말씀이 있습니다. "보는 것이 만드는 것이다." 그 말이 아직도 제가 하고 있는 일에 큰 도움을 줍니다. 어릴 적부터 영화를 좋아해서 시간이 날 때마다 좋은 영화를 찾아 보려 합니다. 영화 한 편에는 좋은 샷들과 음악, 각본, 대사들이 종합적으로 있다 보니 부분적으로 응용할 수 있는 포인트들이 많습니다. SNS를 하면서도 많

은 자료를 접하기도 하지만, 무엇보다 제게 큰 영향을 주는 건 2시간 정도 온전히 집중해서 제가 좋아하는 영화를 볼 때인 것 같습니다.

Q3: 광고를 제작하다 보면 남들이 안 가는 곳을 많이 가보게 되는데요, 가장 생각나는 촬영지는 어디인가요?

A3: 영화 〈월터의 상상은 현실이 된다〉의 촬영 장소로도 나왔던 그린란드에 갔었는데 처음으로 비행기 안에서 죽을 수도 있겠다는 생각을 했어요. (기류 때문인지 비행기가 엄청나게 흔들렸거든요.) 가서도 처음으로 얼어 죽을 수도 있겠다는 생각을 했었고요. (새벽 북극해는 상상 못할 정도로 추웠습니다.) 처음으로 TV에서만 보던 엄청난 빙산들을 눈으로 목격했지요. 여러모로 인상 깊은 곳이었습니다. 참 아름다웠던 추억이기도 하고요.

Q4: 요즘은 광고 포맷이 다양합니다. 늘 하던 TVC도 있고 숏폼 콘텐츠와 언팩 테크멘터리 같은 길고 광고스럽지 않은 내용들도 있고요. 이렇게 포맷이 다양해지는 게 감독으로서는 어떤

가요? 혼란스러울 수도 있고 더 즐거울 수도 있을 것 같은데요.

A4 : 꼭 광고는 15초여야 한다는 개념은 이제 지나버린 것 같습니다. 개인적으로 저는 다양해진 포맷들로 인해 경험의 스펙트럼이 넓어지고 더 많은 경험을 할 수 있게 되어 좋습니다. 물론 15초를 할 때와 장초수 베이스의 영상을 만들 때 들여지는 시간이 다를 수 있지만, 개념적으로는 크게 다르지 않다고 봅니다. 그러면서 광고 감독은 광고만 찍는 게 아니라 모든 영상 매체를 제작할 수 있는 필름메이커의 개념으로 접근할 수 있게 되었고요.

Q5: 감독이라는 직업은 야구로 치면 투수 같습니다. 9회말 투 아웃 마운드에 오른 투수마냥 부담이 상당할 것 같은데요. 오티 브리프 - 트리트먼트 - PPM - 촬영 - 후반 - 시사 순으로 봤을 때 스트레스의 순위는 어떤가요?

A5: 스트레스를 가장 많이 받는 1순위는 트리트먼트 단계입니다. 저한테 가장 고통의 순간이기

도 하고요. 저 자신한테 납득이 되는 과정의 콘티가 쉽게 안 떠오르더라고요. 얼렁뚱땅 이 정도만 해도 되는 걸로는, 광고주/대행사를 납득시킬 자신이 없기에… 그래서 한 달에 많은 건의 일들을 하시는 다른 감독님들을 보면 정말 대단하고 존경스러울 수밖에 없습니다.

Q6: 냉정하게 객관적으로 본 결과 조감독에게 엄격한 타입 같던데요. (웃음) 본인은 어떻게 생각하시나요?

A6 : 음… 감독과 조감독의 사이는 정말 어려운 것 같습니다. 원수이기도 하고 은인이기도 하죠. 저 또한 힘든 조감독 시절을 보내면서 그때 당시 감독님을 원망도 하고 심지어 저주도 하면서 나는 감독이 되면 안 그럴 거야라고 했던 말과 행동들을 저도 모르게 지금 조감독 친구에게 똑같이 하게 되는 걸 봅니다. 막상 감독이 되어 일을 해보니 이제는 이해되는 부분도 있습니다. 그게 애정이었고, 나를 위한 행동이었다는 걸 말이지요. 지금 제 조감독에게 엄격해 보일 수 있습니다만, 나쁜 감정은 전혀 없습니다. 그 친

구가 잘하길 바라고 나와 같은 실수를 안 했으면 하는 바람에 좀 더 엄격하게 대하는 것 같습니다. 이 말을 하면서 느끼는 건데 전 꼰대가 되어버린 것 같네요.

Q7: 궁극적으로 만들고 싶은 게 있다면요?

A7: 제가 참 좋아하고, 믿고 있는 말이 있습니다. 마틴 스콜세이지 감독, 그리고 봉준호 감독이 오스카 상을 타면서 했던 말로 유명한 "가장 개인적인 것이 가장 창의적이다"라는 말이지요. 내가 좋아하고 멋있고 아름답다고 생각하는 부분들이 보는 이들에게도 잘 전달되는 영상을 만드는 것, 그것만큼 저한테 기쁜 일은 없을 것 같습니다.

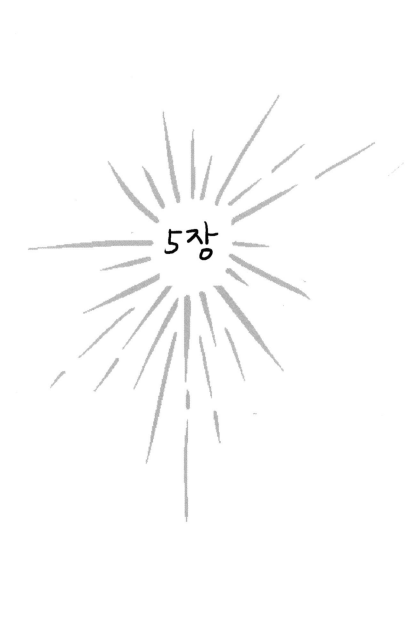

5장

A 안으로 팔고 올게!

설득의 전장(戰場)

첩첩산중 4단계 PT! 잘해내는 법

앞서 여러 번 설명하기도 한 프
레젠테이션, 줄여서 PT를 본격적
으로 설명해보려 합니다. 제작이
건 AE건, 미디어건 누구든 간에 광
고회사에 다닌다면 프레젠테이션
스킬은 필요합니다. 간혹 타고나
는 사람들이 있긴 하지만 어지간
한 강심장 아니면 익숙해지기 꽤

힘든 일이죠. PT를 잘하는 방법은 하나밖에 없습니다. 많
이 해보는 겁니다.

저 같은 경우는 조금 하드코어한 방법으로 트레이닝을
'당했'었습니다. 대리 2년 차쯤 되었을 때 우리 팀 CD님이
열 번 중에 한두 번 정도는 예고 없이 갑자기 저한테 PT를
시켰습니다. 광고주랑 한참 얘기하다가 "여기부터는 임프
로가 설명할 겁니다"라며 약마 같은 인자한 얼굴로 저를
바라봤던 CD님… 다시 생각해도 아찔합니다. 당시에도 진
심 당황했었죠. 덕분에 늘 광고주 보고에 들어가기 전날
에는 늘 남몰래 혹시 모를 PT 연습을 하곤 했습니다. 지금
돌이켜보면, 그래도 이 정도라도 하면서 먹고살 수 있는
게 그때 그 방법 덕이었구나 싶네요. 감사했습니다.

복싱에서 가장 좋은 연습 두 가지가 있는데, 하나는 줄넘기, 다른 하나는 세도우 복싱이라고 합니다. PT도 비슷합니다. 매일매일 줄넘기 하는 것처럼 조금씩 꾸준히 연습하는 것. 그리고 세도우 복싱처럼 머릿속으로 계속 시뮬레이션 해보는 게 도움이 됩니다. '이 부분을 설명할 땐 모니터를 보고 얘기하다가, 이 부분 얘기할 땐 앞사람을 보고… 다시 이런 질문을 하면 이렇게 대답하고, 이런 질문엔 이렇게 받아쳐야지 하는 상황들을 계속 예상하고 대응해보는 거죠.

스톱워치를 켜놓고 스크립트를 달달 외워서 PT 하는 방법도 좋지만, 예상 외의 질문에 어떻게 대답할 건지 미리 시뮬레이션을 돌려보는 게 가장 좋은 연습이 됩니다. 너무 떨린다면 1시간 전쯤 청심환을 드시길 추천드립니다. 걱정 마세요. 닥치면 다~ 합니다. 하다 보면 확실히 늘고요. 대행사 제작팀에서 경험하게 되는 프레젠테이션은 대략 4단계로 분류됩니다.

Step 1. 실무 보고 (난이도 ★★)

대부분 광고주 쪽 대리, 과장급 실무 분들이 들어오고 대행사와 제작팀, 다 합쳐 열 명 정도가 들어옵니다. 장소는 소회의실 정도 되는 곳이죠. 간혹 사내 카페 같은 곳에서 캐주얼 하게 진행되기도 합니다. 대부분의 마무리는 '내용 잘 들었고 내부 회의 후 연락드리겠습니다'가 됩니다. 코로나 덕에 비대면으로 진행되는 경우도 많아졌습니다.

Step 2. 팀장 보고 (난이도 ★★★)

과장급 이상 팀장급 광고주 분들이 들어오는 경우죠. 지난 보고 후 달라진 점 위주로 설명한 후, 좀 더 정교화된 콘티로 프레젠테이션을 합니다. 종종 회의가 길어져 몇 시간씩 진행되기도 하죠. 열리는 장소는 중간 사이즈 회의실 정도입니다. 빔 프로젝트 혹은 TV를 같이 보며 진행하고(요즘은 TV가 많음) 대부분의 경우는 '우리 임원분께서 이런 걸 좋아하신다', '이런 건 싫어하시니 빼자' 등 안을 팔기 좋은 팁들을 공유(?)하는 자리로 이뤄집니다.

Step 3. 임원 보고 (난이도 ★★★★)

이때부터 대행사 그룹장과 임원이 출동합니다. 그리고 팀장, 자리가 있으면 셀장까지 들어가죠. 간혹 임원 방에서 PT가 진행되는 경우도 있습니다. 시간은 길어봤자 30분 정도 소요됩니다. 최대한 심플하고 명확하게 보고하는 게 중요합니다. 캠페인 방향을 다시 짚어보기도 하고 방향성과 목표에 대한 검증도 합니다. 그러나, 대략 이쯤에서 놀랄 만한 피드백이 등장하기도 하죠. 'A와 B안 둘 다 좋으니 합치자'든지 '다 좋은데 전략부터 다시 하자'라든지, '모델 누구 어때?' 혹은 '그런데 이거 지금 꼭 해야 하나?'라든지 변수가 생기기도 하죠.

Step 4. 대표 보고 (난이도 ★★★★★)

광고회사 임원들이 등장합니다. 대부분 회사에서 가장 높은 층에 있는 회의실에서 진행되고(무슨 SF영화에나 나올 법한 그럴싸한 회의실도 있습니다.) PT도 서서 하는 경우가 많습니다. 팀장보다는 대행사 임원이 PT 하는 경우도 많죠. 간혹 대표가 외국인인 경우에는 통역이 필요합니다. 총 출동한 임원들의 날카로운 질문과 피드백이 난무하기도 하고 (골프라든지) 사적인 대화로 분위기를 메이킹한 후 PT가 진행되는 경우도 많습니다. 주로 제작 전 보고보다 제작 후 시사일 경우가 많은데, 사장님들의 첫 마디는 높은 확률로 "다들 어때?"이고, 역시 CEO다 싶을 정도로 날카로운 피드백을 하는 경우도 비일비재합니다. 이곳이 대행사에서의 마지막 PT인 경우가 많은데, 회장님이 있는 회사는 대부분 내부 보고로 마무리하기 때문이죠.

의외로 자주 실수하는 포인트들

1. 회사, 브랜드명 착오. OO화재 PT에 들어가서 XX생

명이라고 말한다든지, 경쟁사 브랜드명과 헷갈린다든지 하는 실수들이 있습니다. (이거 정말 의외로 많이 하는 실수입니다. 조심, 또 조심)

2. 젠더, 백업PC, 어댑터를 꼭 챙겨야 합니다. 어떤 사양의 기기일지 모르니 HDMI, RGB 등 각종 젠더들을 꼭 챙기고, 미리 테스트해봐야 합니다.

3. 영상 시사인 경우 모니터와 소리 체크는 필수. 빔 프로젝터인 경우 흐리게 보일 확률이 높아 추천하지 않습니다. 되도록 TV를 활용하고 색 조절 등 미리 테스트 해보는 게 좋습니다. 소리가 명확하지 않으면 집중력이 흐려지기 때문에 스피커도 중요합니다.

4. PT 전 화장실도 꼭 들르고, 청심원은 1시간 전에, 식사는 가볍게!

광고주 유형

대기업에서 스타트업까지. 제조업부터 제약, 보험, 서비스업까지, 짧지 않은 시간 동안 다양한 광고주, 수많은 사람들과 일하다 보니 나름 통찰(이라고 읽고 편견이라 부른다) 비슷한 게 생겨 버렸습니다. 대기업은 보수적이고, 스타트업은 젊고 진보적이다, 제조업은 이런 식이고, 제약 쪽이나 보험 쪽은 이렇더라, 이런 식의 업종과 업태별 스테레오 타입이 생기죠.

그런데 시간이 좀 더 지나서 경험이 쌓이다 보니 그냥 케이스 바이 케이스더군요. 스타트업 중에도 굉장히 보수적인 판단과 의사결정을 하는 곳이 있고, 대기업 중에도 유연하고 자유로운 의사결정을 하는 멋진 곳이 있습니다. 회사의 규모나 업의 종류에 따른 차이보다는 결국 '사람'이 차이를 만드는 것 같습니다. 정확히는 팀장의 성향이 중요하더군요.

프레젠테이션을 하기 전에 사람들을 먼저 관찰해보면 좋습니다. 이 마케팅 팀은 어떤 사람들로, 어떻게 구성되어 있고, 팀장의 성향과 리더쉽이 어떤지, 그리고 그 위에 있는 결정권자들의 성향은 어떤지를 먼저 파악하고 PT 방향을 잡아야 합니다.

PT를 하는 대행사 입장에서 가장 좋은 광고주 팀장은

'취향이 명확한 사람'입니다. 아이디어를 열두 번씩 받아 보더라도 취향만 확실하다면 뭐 나쁘지 않습니다. 어떻게 든 맞추면 되니까요. 거기에 솔직한 사람이라면 더 좋죠. "나는 B안이 좋은데 상무님은 D안 취향일 거다. 전략은 잘 풀어 오셨으니 B와 D를 디벨롭 해보자. 나는 B안에 욕심이 있다." 이런 식이 베스트죠.

반대로 본인의 취향으로 판단하지 않는 유형의 팀장이 가장 힘듭니다. 이런 유형의 사람들은 대부분 결정을 흐릿하고 애매하게 하죠. "이런 거 좋아하시긴 하던데… 일단 그렇게 하시죠." 본인의 취향으로 판단하지 않고 윗사람의 취향을 예측해서 판단하려니 시행착오가 많고 일이 힘들어집니다.

리액션은 힘이 됩니다

간혹 광고주분들과 이야기를 나눌 때 놀랄 만큼 무표정하게 있는 분들이 꽤 있습니다. 아니 표정보다도 아무런 리액션이 없는 분들이 있죠. 혹시 화가 난 걸까? 회의 전에 무슨 일이 있었나? 별 생각이 다 들면서 집에 가고 싶어집니다.

PT에서 리액션은 윤활유 같은 역할을 합니다. 아주 작

PT를 듣는 광고주 유형

A. 취재기자형

B. 리액션 부자형

C. 영혼탈출형

D. 반전형

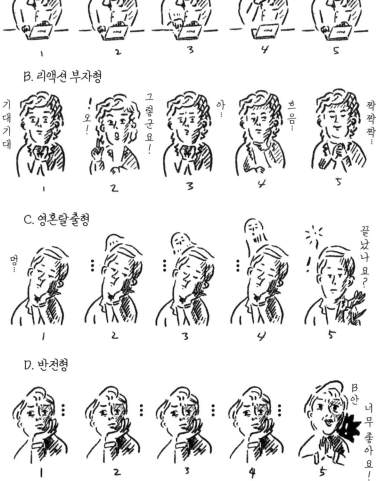

은 리액션들도 좋습니다. 눈을 마주친다든지, 고개를 끄덕인다든지 하는 간단한 제스처만 있어도 PT를 진행하는 입장에서는 용기가 나고 흥이 납니다. PT는 기본적으로 설득하는 과정이니까요. 이 사람이 설득되고 있는지 아닌지 감이 안 오면 PT 하는 사람은 정말 뻘쭘하기 마련입니다.

농담조로 그려 보긴 했지만 PT를 듣는 유형은 앞선 그림처럼 크게 4가지로 나뉩니다. 메모를 열심히 하면서 듣는 분들도 있고, 말 그대로 리액션 부자인 분들도 있고, 무반응형과 반전이 있는 분들도 있습니다. PT를 하는 입장에선 역시 리액션 부자 타입이 최고죠. 그래도 10년 정도 넘게 PT를 하다 보니 어떤 생각을 하는지 모를 영혼탈출형이더라도 뭐 마무리는 됩니다. 저는 월급 받는 직장인이니까요. 사실 리액션이 없는 것보다 무서운 건 피드백이 전혀 없이 끝나는 회의입니다. PT를 마쳤는데 아무런 피드백이 없다, 이거 좀 무서운 거거든요. 후덜덜.

광고인이 좋아하는 광고, 소비자가 좋아하는 광고

간혹 광고 만드는 사람들 사이에서 화제가 되는 광고가 나옵니다. "그거 어느 대행사 누가 만든 거라더라", "그 팀에 진짜 쩌는 아트가 하나 있는데…", "그거 찍은 감독

스케줄이 내년까지 다 찼다던데" 등등 수많은 얘기들이 오고갑니다. 그런데 왜인지 몰라도 그런 유의 광고들이 소비자들 사이에선 반응이 시큰둥한 경우가 종종 있습니다.

광고 만드는 사람들은 만듦새에 무게를 둡니다. 모델의 장점을 어떻게 뽑아냈는지, 제품을 얼마나 우아하고 고급지게 그려냈는지, 카피를 얼마나 세련되게 썼는지, 컬러와 아트감이 얼마나 좋은지, 컨셉을 구현하는 세련미와 퀄리티 같은 여러 요소들을 같은 업자의 눈높이로 꼼꼼하게 보는 거죠. '와 저걸 뭘로 어떻게 찍었지?', '저 로케이션은 어디지?', '저런 모델은 어디서 구하는 걸까' 감탄하죠. 그런데 정작 소비자들은 그렇게까지 디테일한 부분을 모르다 보니 편하게 봅니다. '아 저거 웃기네', '모델이 예쁘네'.

광고 만드는 사람들만 광고를 작품으로 보고 디테일을 따져보는 게 아닐까 싶기도 합니다. 뭐 그렇다고 그 디테일들이 의미 없다는 건 아닙니다. 그런 디테일들이 전체적인 느낌과 고급스러움을 전달하는 거니까요. 그리고 만드는 사람들끼리 통하는 좋은 포트폴리오가 되기도 합니다.

봉준호 감독이 이런 말을 했다고 합니다. "영화가 메시지의 도구로 전락하면 안 된다, 영화 그 자체로서의 아름다움이 있어야 한다." 물론 광고에선 메시지의 전달이 훨씬 중요하긴 합니다만, 만드는 사람들은 그 자체의 아름다움에 집착을 하는… 뭐 그런 상황 아닐까요.

기발한 아이디어와 팔리는 아이디어

일하다 보면 가끔 이런 친구들을 만납니다. 안을 짜오긴 하는데 앞뒤는 하나도 안 맞고 "오티 브리프는 읽어본 건가?" 싶을 정도로 합의된 방향과는 한참 벗어나 있는데, 가져오는 아이디어에 사람들 반응이 빵빵 터지는 경우. 이런 친구들이 꼭 있습니다. 덕분에 회의시간은 화기애애해지고 분위기도 좋아지는데 정리하면서 느낌이 옵니다. "이건 재미있지만 안 팔리겠지", "아… 이번에 들어간 거 중에 죽이는 거 하나 있었는데 아쉽네."

아이디어가 아무리 기발하고 재미있더라도 온에어 되는 아이디어가 결국 좋은 아이디어입니다. 안을 짜는 시점에, 안을 파는 시점에 빵빵 터진다 한들 소비자까지 전달이 안 된다면 광고가 아닌 거니까요. 일단 팔아야 합니다. 그런데 어떻게 팔아야 하냐고요?

일단 대담함(어느 정도의 무모함)과 용기가 필요합니다. 괜히 이런 거 들고 갔다가 욕먹지 않을까? 괜히 팔리지도 않을 거 만드는 건 시간낭비 아닌가? 이런 생각은 하지 않는 게 좋습니다. 광고에 정답이 어디 있던가요? 일단 최대한 재미있게 만들고 최선을 다해서 파는 겁니다. 한 열 개쯤 들이대서 한두 개 정도 팔리는 거라고 생각하면 마음이 편해집니다. 대신 팔아본 놈이 판다고, 되든 안 되든 최대한 많이 대쉬해보는 용기가 중요하죠. 중요한 건 브랜드와의 '연결성(본딩)'입니다. 그냥 웃기기만 하지 말고 어떻게든 브랜드와 본딩을 시키고 각인시킬 수 있도록 해야 합니다.

그다음 누울 자리를 봐야 합니다. 광고 아이디어가 한 번에 팔리는 경우는 거의 없습니다. 실무 한 번, 팀장 한 번, 임원 한 번, 두 번 세 번은 팔아야 팔린 거죠. 실무진으로 구성된 1차 보고가 가장 중요합니다. 그때 어떻게든 살아남아야 팔릴 확률이 높아집니다.

어떤 웃기는 걸 가져가도 절대로 반응이 없는 목석 같은 광고주도 있고, 조금만 재미있어도 같이 좋아해주시는 광고주분들도 있습니다. 광고주 개인의 성격일 수도 있고 회사의 분위기일 수도 있는데 광고주 타입에 따라 조금씩 다른 공략법이 있습니다.

광고주에 따른 공략법

A. 진지한 광고주의 경우

광고주 실무가 무뚝뚝하고 진지한 캐릭터라면 이런 걸 왜 해야 하는지에 대한 레퍼런스나 시장조사 자료 같은 '정량적'인 데이터들을 준비하는 게 유리합니다. 요즘 이러이러한 유머 코드 광고들의 선호도가 수치적으로 매우 높으며, 매출에도 직접적인 영향이 있음을 '정량적'인 수치로 제시하는 거죠. OO브랜드가 왜 이렇게 유머러스하게 접근해야 하는지, 이런 말도 안 되는 것들을 사람들이 왜 좋아하는지 등 차근차근 논리적으로 설명해야 합니다.

B. 본인은 좋지만 윗사람들 때문에 걱정인 광고주 타입

"아, 전 이거 진짜 좋은데, 우리 상무님이 이런 거 싫어하셔서" 대부분 이런 반응이 많습니다. 재미없는데 돌려서 말하는 경우가 아니라면 조금은 팔릴 확률이 높아집니다. 이런 광고주 분들께는 최대한 우리 편이 되도록 만들어야 합니다. '이거 잘되면 나중에 칭찬받으니 한번 용기 내어 들고가 봅시다', '우리 같이 멋진 거 하나 만들어 봅시다'로 정리되도록, 윗분이 싫어하는 포인트가 무엇인지 잘 알아내서, 최대한 그 부분을 잘 피해서 만들어보면 팔릴 확률이 높아지죠. 앞서 말한 정량적인 데이터도 추가해서 가져가면 도움이 됩니다.

A, B 유형에 상관없이 모두 중요한 팁들이 있습니다.

일단, 안을 꾸릴 때도 약간의 디테일이 필요한데, 예를 들면 '버리는 안을 함께 가져가는 것'입니다. 쉽게 말해 팔고 싶은 안을 돋보이게 하는 그런 들러리로서의 안들이 필요합니다. 매우 정직한 아이디어, 광고주 분들도 OT 주면서 상상할 수 있는 그런 안들이죠. 틀린 건 없는데 매력이 하나도 없는 아이디어, 그런 걸 한두 개 준비해서 팔고 싶은 아이디어 앞에 보여주는 겁니다. '이렇게 해봤는데, 말은 되는데, 영 재미가 없죠? 그래서 이런 걸 한번 준비해봤습니다. 저희 생각엔 이런 거 하면 딱 좋을 듯싶네요.' 이 정도로 썰을 풀면서 안을 보여주는 방법도 써봄직하죠.

그리고 이게 왜 재미있는지 구구절절하게 설명하는 건 피하는 게 좋습니다. 심플하고 임팩트 있게 설명하되 콘티 구성은 최대한 단순하게 정리하고, 광고주가 말하고자 하는 부분은 아주 명확하게 보여주는 쪽으로 정리해야 좋습니다.

마음을 움직이는 한마디. 용기를 북돋아주는 한마디를 준비하는 것도 중요합니다. '이 안을 보시고 좀 걱정이 되실 텐데 아마 그동안에 하시던 거랑 많이 달라서 그러실 겁니다. 그런데 광고는 원래 그런 겁니다. 뭔가 낯설어야 눈에 걸리는 법이거든요', '요즘 이런 유머감각이 이해가 안 되실 테지만, 이건 분명히 빵 터집니다. 한번 용기내보시죠.' 뭐 이런 유의 설득하기 위한 멘트들을 준비해 둡니다. 시뮬레이션도 충분히 해서 이런 질문이나 이런 우려를 말씀하시면 이렇게 대답을 하고, 저런 얘길 하면 이렇게 얘기를 해야지… 셰도우 복싱을 하는 것처럼 시뮬레이션도 충분히 해보는 겁니다. 일단 파는 게 중요하니까요.

더 추가하자면 그 재미있는 안을 낸 친구를 보고할 때 데려가는 게 좋습니다. 자신의 아이디어가 발전되어 팔리는 과정까지 목격하는 것만큼 자기 발전에 도움되는 건 없으니까요. 비록 그 안이 팔리지 않더라도 다음엔 어떤 식으로 해야 팔리는 안이 될지 감을 잡기에 너무나 좋은 수업이 됩니다.

마지막으로, 좋은 광고는 광고주가 만듭니다. 케케묵은 이야기긴 하지만 이게 정답입니다. 좋은 광고주가 용기 있는 선택을 할 때 좋은 광고가 나오는 게 맞습니다. 그 용기를 북돋기 위해 우리는 열심히 아이디어를 만들고 파는 거죠.

잘하는 사람과 열심히 하는 사람

광고 쪽엔 스타 플레이어들이 많습니다. 주로 감독님들이 그렇죠. "그 광고 찍은 감독님 누구야?" "이번에 같이 한번 해볼까?" 핫한 감독들이 등장하면 제작팀 입장에선 꼭 한 번씩 러브콜을 보내보곤 합니다.

    광고 제작을 축구경기에 비유해보자면 대략 이런 느낌입니다. 우선 어떻게 경기를 펼쳐나갈지 분석하고 전략을 짭니다. 상대는 어떤 팀인지, 어떤 경기를 보여줄지, 선수는 누가 좋을지, 어떤 경기장에서 할지, 공은 어떤 걸 쓸지, 유니폼은 어떻게 입을지 등 다각도로 분석하고 아이디어를 내죠. 드디어 경기가 잡히고 스타 플레이어(감독)를 부릅니다. 어렵사리 준비한 공(아이디어)을 그라운드에 놓고 선수에게 작전 설명을 합니다. 휘슬이 불고 드디어 경기가 시작됩니다. 제작팀이 스타 플레이어에게 패스하는 순간…

    여기서 대략 두 가지 타입의 스타 플레이어로 나뉘는데, 첫 번째 케이스는 갑자기 경기장에 안개가 끼고 스타

플레이어가 공을 몰고 안개 속으로 사라지는 것입니다. 어찌어찌 상대방 선수들을 제끼는 것 같은데 안개가 점점 진해져 진행 상황이 보이질 않습니다. 시간이 지나고 골이 터지고 환호성이 들립니다. 정신 차려보면 경기는 끝났고 스타 플레이어는 다른 게임을 하러 이미 구장을 떠난 상황…

두 번째 케이스는, 어설픈 패스에도 재치 있게 받은 스타 플레이어가 초반에 계획한 작전 이상으로 훌륭한 경기를 보여주는 것입니다. 중간중간 재치 있는 패스도 하고 기가 막힌 드리블로 경기를 이끌어갑니다. 결과보다 경기의 내용이 너무나 마음에 듭니다.

첫 번째 케이스가 '(그저) 잘하는 경우', 두 번째 케이스가 '열심히 하는 경우'라고 할 수 있습니다.

개인적으로 미용실을 선택할 때도 빠르게 잘 깎아주는 실장님보다 열심히 꼼꼼하게 최선을 다해 주시는 실장님을 선호하는 편입니다. 같이 일하는 팀원 중에서도 일을 잘하는 팀원보다는 조금은 부족해도 열심히 고민해온 팀원들에게 더 마음이 갑니다. 당연히 같이 할 감독님도 후자 쪽 감독님들을 선호합니다. 열심히 하는 게 좋은 거라서 그런다기보다는 기본적으로 광고는 같이 만드는 데 의미가 있어서가 아닐까 싶네요.

디렉터와 오퍼레이터

'주인의식: 어떤 일이나 조직에서 주체를 가지고 이끌어 가야 한다는 생각'. 직장인이라면 당연히 가져야 할 덕목입니다만, 일을 하다 보면 간혹 조금은 잘못된 주인의식이 보일 때가 종종 있습니다.

광고는 기본적으로 '자신보다 잘하는 사람에게 일을 맡기는' 것입니다. 광고주보다 소비자를 잘 아는, 그들이 좋아하는 것들을 잘 아는 대행사에게 아이디어를 만들게 하고, 연출에 있어서는 대행사보다 프로덕션이 더 잘하니까 프로덕션에게 제작을 맡기는 거죠. 이런 식의 구조인데 간혹 일을 맡긴 사람이 전문분야(예를 들면 편집이나 스타일링 등등)에 대해 직접 디렉션 하는 경우가 있습니다. 이건 내 것이니까 내가 판단할 거다, 뭐 이런 식이죠. (저 또한 그랬던 적이 있는 것 같네요, 반성하고 있습니다.) 물론 자신의 생각과 의견을 전하는 건 당연한 일이겠지만 그 방법과 매너에 있어서는 조금 생각해볼 필요가 있습니다.

편집본을 보고 있는데 뭔가 답답하거나 그림이 급하게 마무리됐다고 느껴져서 편집실장님께 이야기한다고 가정해보면,

발화 유형 A. 세 번째 컷은 빼시고요. 사이즈 다른 거를 붙여보세요.

발화 유형 B. 편집이 조금 급한 것 같은데, 다른 방법이 없을까요?

A처럼 질문하면 요청한 만큼만 작업할 테고, B처럼 물어본다면 다른 방법을 찾을 겁니다. 같은 의도의 질문이지만 이야기하는 방법에 따라 오퍼레이터가 되기도 하고, 디렉터가 되기도 하는 거죠. 그 차이는 전달하는 방법과 매너에서 달라지는 것 같습니다.

잘하는 스텝을 만났다면 그 스텝이 최대의 능력을 발휘할 수 있도록 기다려주고 존중해주는 게 더 현명한 방법이 아닐까요. 발주하는 사람의 의도를 정확히 전달하고 원하는 방향을 디테일하고 매너 있게 표현한다면, 디렉터를 디렉터로 활용할 수 있게 되겠죠.

타임 루프물

영화 장르 중에 '타임 루프물'이라는 게 있습니다. 같은 날이나 같은 상황이 계속 반복된다든가 하는 그런 유의 스토리를 말하는데요, 광고 제작도 타임 루프에 빠지는 경우가 많습니다. 한참 진도가 나갔나 싶었는데 다시 원점으로 돌아오는 상황. 아이디어 회의를 네다섯 시간은 한 것 같은데 뭔가 정리된 건 하나도 없고, 다음 날 다시

이상하다. 석달 전에 오티를 받았던 것 같은데…
왜 아직 안 끝났지?…

아이디어 회의를 시작해야 하는 그런 상황들. 생각보다 자주 일어납니다. 아이디어 내는 단계에서의 타임 루프야 이 직업의 숙명이겠거니 하더라도, 한참 진행이 되던 일이 리셋되는 경우는 정말 괴롭습니다. PPM도 끝나고 촬영만 남았는데 모종의 사연에 의해서 전부 무산되고 OT부터 다시 시작해야 하는 경우도 꽤 자주 있습니다. 제품 개발에 문제가 생겼다거나 모델 이슈가 있다거나, 전략이 바뀌었다거나, 출시가 뒤로 확 밀렸다거나 등등 말 못할 다양한 사연들이 많죠.

그리고 살짝 다른 결로 타임 루프되는 경우가 있는데

제품 스펙의 변화가 없는 스테디셀러의 경우, 커피나 음료 같은 케이스가 그렇습니다. 보통 그런 브랜드의 경우 모델도 5년, 10년 길게 가는 경우가 많아서 매년 광고를 만들 때마다 괴롭죠. 올해는 어떤 광고 아이디어를 내야 하나. 10년 동안 광고안을 150개는 보셨을 텐데 이번엔 어떻게 다르게 만드나… 고민이 깊어집니다. 이런 브랜드들의 경우 소비자의 애정도 많고 오랫동안 광고를 잘 해 온 브랜드들이 많아서 만드는 사람 입장에선 굉장히 부담이 된답니다. 그런데 또 어떻게든 되더라고요. 타임 루프 영화도 어떻게든 마무리가 되는 것처럼 말이죠.

마이너스의 예술, 15초 TVC

30초, 45초, 60초 버전도 있지만, TVC는 15초가 기본입니다. 가성비가 좋기 때문입니다. 매체비에 비해 노출도 많이 되고 미디어 편성에도 유리하죠. 이렇게 다 좋은데, 만드는 입장에선 너무나 부족한 시간입니다. 15초… 횡단보도 건너는 시간보다도 짧은 시간인데 그사이에 상황도 보여줘야 하고 메시지도 전달해야 하고 제품도 잘 보여야 하고, 브랜드도 노출되어야 합니다. 넣을 건 많고 시간은 없죠.

길이 제한이 적은 디지털 쪽 광고 제작을 하다가 처음 TVC를 만들 때 정말 '멘붕'이었습니다. 내용을 어떻게 만져봐도 15초 안에 소화가 안 되니, 뭘 만들어도 만들다가 만 것 같고… 한동안은 15초 광고들만 죽어라고 봤던 것 같습니다. 남들은 이 시간 동안 어떻게 스토리를 구성하는지, 다들 컷은 몇 개 정도로 구성하고, 카피의 양은 얼마나 되는지, 편집은 어떻게 하고, 엔드는 어떻게 하는지 한참 연구했죠.

지금까지의 경험을 살려 한마디로 말씀드리자면, 15초 TVC라면 콘티는 6~8개 정도, 카피는 크게 세 단락 정도가 맥시멈인 것 같습니다. 그 정도에서 기준을 잡고, 우선순위대로 필요한 거 넣고 빼고 하다 보면 정리가 됩니다.

흔히 하는 얘기 중에 '사진은 마이너스의 예술이다'라는 말을 합니다. 원하는 피사체를 놓고 불필요한 건 앵글로 심도로 하나하나 빼서 보여주고 싶은 이미지 하나만 남기는 거죠. 15초 광고도 마찬가지인 것 같아요. 기억해야 합니다. '마이너스의 예술.'

과잉, 과속의 시대에 필요한 크리에이터

블록체인, 메타버스, 자율주행, NFT… 새로운 기술과 플랫폼, 각종 서비스들이 쉴 새 없이 쏟아져 나옵니다. 좀 찬찬히 둘러보고 차근차근 알아가고 싶은데 하루가 멀다 하고 새로운 것들이 계속 나오다 보니 어디서부터 손을 대야 할지 막막한 상황이죠. 기술이나 서비스뿐 아니라 OTT 서비스들 덕분에 콘텐츠 또한 파도처럼 밀려옵니다. 한 시즌에 열 편이 넘는 블록버스터급 드라마들이 연달아 나오고 추천 알고리즘은 또 얼마나 훌륭한지 하나를 보고 나면 보고 싶은 게 서너 개씩은 더 생깁니다. 나중에 보려고 찜 해둔 콘텐츠는 오늘내일 미루다가 결국 유튜브에서 요약본을 보곤 하죠. 기술이든 콘텐츠든, 서비스든 많은 양이 빠른 속도로 쏟아져 나옵니다. 과잉과 과속의 시대랄까요. 이런 시대에 광고 크리에이터들은 어떤 변화를 겪고 있고, 어떤 역량을 갖춰야 할까요?

속도로 보자면 광고 크리에이티브 쪽도 당연히 과속 주행 중입니다. 사실 광고업계는 애초부터 속도위반 하는 분위기였지만 빨리 달렸던 만큼 더욱 더 빨리 달리고 있습니다. 제품이나 서비스의 출시 사이클이 예전에 비해 짧아지기도 했고, 시장 변화가 드라마틱 하다 보니 그에 대응하느라 더 급해지기도 했습니다. 코로나도 한 몫 한 것 같네요. 제작 환경이 디지털로 바뀌면서 만드는 시간이 단축되는 만큼, 그 단축된 시간을 고려해서 일정은 더욱 더 짧아집니다. 단축근무가 광고계에도 적용되면서 의

사결정이 빨라졌고 시간 대비 업무의 농도는 더 진해지고 효율적으로 압축되었습니다.

기획 – 학습 – 아이데이션 – 제작, 과정마다 주어진 절대 시간도 짧아지고 과정과 과정 사이에 있는 자투리 시간도 줄어들었습니다. 10년 전과 비교해 약 절반 정도로 줄어들었네요. 개인적으로 자투리 시간(저는 '뜸 들이는 시간'이라고 부릅니다)이 줄어드는 게 제일 아쉽습니다. 뽑아놓은 전략 키워드가 맞는지 아닌지, 이 크리에이티브 방향이 맞는지 아닌지 뜸 들이듯 하루 정도는 생각하고 고민하는 시간들, 디테일한 수정을 하거나 방향성을 재차 확인할 수 있는 시간들이 참 유용했기 때문이죠. 영화를 봐도 그렇잖아요. 극장을 나와 영화를 연출한 감독이나 스텝들의 다른 작품도 좀 찾아보고 출연했던 배우들도 검색해보고, OST도 들어보고 뭐 이러면서 여운을 즐기고 의미를 차근차근 되짚는 여유가 있어야 하죠. 그런데 이제는 업무일 기준 5일 정도 안에 크리에이티브가 나와줘야 하는 게 보통입니다. 뜸 들일 여유 없이 밥이 됐다 싶으면 바로 뚜껑 열고 퍼 날라야 하는 상황이죠.

예전의 크리에이터들은 나무늘보 스타일이 많았습니다. 되새김질 하듯 집요하게 고민하고 끝까지 발전시켜서 디테일을 끌어올리는, 그런 엉덩이가 무거운 크리에이터들이 선호되었다면 요즘은 순발력 있고 빠른 판단력을 가진 광고 크리에이터들이 필요한 시대가 되어가고 있습니다.

또 다른 어려움도 있습니다. 크리에이터가 이해해야 할 내용 자체가 많이 복잡해지고 어려워졌다는 거죠. 크리에이터들이 광고를 제작하려면 먼저 해당 서비스나 제품을 '이해하는 과정'이 필요합니다. 해당 서비스나 제품의 장점과 단점, 서비스의 구조와 타깃 등 필요한 팩트들을 정확하게 알고 있어야 설득이 되는 크리에이티브를 만들 수 있으니까요.

TVC같이 일반적인 광고 크리에이티브를 할 때는 뭐 대략적인 이해 정도만 하고 있어도 됩니다. 광고의 종류에 따라 살짝 난이도가 있긴 하지만 15초, 길어야 30초라는 짧은 초수의 크리에이티브다 보니 아주 깊고 정확하게 기술을 이해할 필요는 없었죠. 그런데 광고의 형태가 달라지고 영역이 확장되면서 소비자에게 정확한 기술적 팩트를 전달해야 하는 콘텐츠를 만들어야 하는 상황이 벌어지고 있습니다.

일단 프로젝트 타이틀부터 어렵습니다. '108메가픽셀 카메라의 혁신적 기술을 소비자의 눈높이로 알기 쉽게 설명하는 5분짜리 영상 콘텐츠 제작' 이런 식이죠. 카메라의 구조와 디지털 디바이스에 대한 폭넓은 이해가 있어야 하는 것은 물론, 거의 전문가만큼 알아야 합니다. 이런 경우, 워낙 어렵고 전문적이다 보니 관련 엔지니어와 기술 관련

커미티(위원회)를 여러 번 진행하기도 하고, 관련 기술에 대한 논문도 읽어야 하는 사태가 벌어집니다. 기술적 팩트를 정확히 이해해야만 일반 소비자의 눈높이에서 이해 가능한 크리에이티브를 만들 수 있으니까요.

게다가 이걸 대행사 크리에이터들만 알면 되는 게 아닙니다. 제작하는 감독님 이하 프로덕션 팀들, 그리고 후반 작업을 담당하는 3D 아티스트들까지 전부 다 같은 이해도를 가지고 있어야 퀄리티 있는 아웃풋이 나옵니다.

예전에는 '인문학적 소양'이 많은 크리에이터들이 광고를 잘 만들었습니다. 맛깔 나는 글을 쓸 줄 알고 이미지가 가진 메타포와 역사, 미장센을 이해할 줄 아는 '문화'에 대한 이해도가 많은 크리에이터들이 광고도 잘 만들었는데, 광고의 영역이 점점 넓어지면서 이제는 '이과적 이해도'가 높은 크리에이터들도 필요해졌습니다. 실제로 광고회사 제작팀에도 공대 출신이 간간이 보이게 되었죠.

즉, '느낌적 느낌'을 전달하는 감성적인 광고부터 정보를 정확하고 재미있게 전달하는 공학적인 콘텐츠까지, 아주 짧고 간결한 숏폼 콘텐츠부터 길이 제한이 없는 유튜브 영상까지, 광고 크리에이터들이 책임져야 할 영역들이 점점 넓어지고 있습니다. 이런 유의 변화에 크리에이터들은 오픈 마인드를 가지는 게 중요합니다. "아니 이런 것까지 내가 알고 있어야 하나?"라는 생각이 당연히 들 수 있지만 광고 크리에이터들의 역할은 광고주가 전달하고자 하는 걸 쉽고 재미있게 소비자에게 전달하는 것이니 어려워도 해야죠. 영역이 넓어졌으니 자신이 잘하고 좋아하는 분야를 잘 골라서 도전해보면 생각보다 괜찮을 겁니다. (해보면 나름 재미있기도 합니다.)

정리하자면 요즘의 광고 크리에이터들은 판단이 빨라야 하고 순발력이 좋아야 합니다. 트렌드에 대한 이해도 좋아야 하고, 전문지식을 흡수하는 문화적 흡수력도 필요합니다. 평소에 새로 나온 기술이나 트렌드를 잘 이해하고 달라진 플랫폼이나 서비스도 자주 이용해보고, 크리에이티브에 기본이 되는 문화적 소비력도 꾸준히 유지해야 합니다. 그 사이사이 뜸 들이는 시간도 잘 챙겨야겠죠. 역시 광고일은 힘든 것 같네요. 그래도 광고 크리에이터들은 투덜거리면서도 또 그걸 해낼 겁니다. 원래 그런 사람들이거든요.

광고와 시대 공감

광고에는 '선망성'이 중요합니다. 제품을 가지고 싶게 만들고 서비스를 경험해보고 싶도록 만들고, 고급스럽게 포장해서 브랜드를 선망하게 만드는 게 광고의 역할이죠.

그리고 중요한 것이 또 하나 있는데 바로 '공감력'입니다. 선망성이 과해서 소비자로부터 멀어지지 않도록, 공감할 수 있는 상황이나 모델로 소비자와의 유대감을 높이는 겁니다.

선망과 공감, 어찌 보면 상충하는 것 같은 이 두 요소의 밸런스를 잘 맞추어 광고에 담아내야 하는데, 이 '공감'이 참 까다롭습니다. 공감이라는 게 굉장히 예민해서 조금이라도 모자라면 남의 얘기처럼 되고, 조금 과하면 강요하는 모양새가 되거든요. 모자람과 넘침의 그 좁은 틈 사이를 찾아 들어가야 하는데 그게 영 쉽지 않습니다.

그런데 그림만 놓고 보면 그렇게 어렵지는 않습니다. 선망성을 놓지 않는 선에서 현실감 있는 그림들을 구성하면 공감 가는 그림이 됩니다. 어딘가 있을 법한 단정한 집. 그리고 인상 좋은 적당한 모델. 거기에 기분 좋은 BGM만 잘 골라 쓰면 어느 정도 해결이 되는데 스토리텔링이나 카피, 슬로건이 포함되는 광고의 주제의식, 테마에 있어서는 아주 많은 고민을 해야 합니다.

요즘 사람들이 느끼는 문제의식은 무엇인지, 어떤 부분에서 즐거워하고 분노하는지, 그 이유는 무엇인지, 어떤 것들을 통해 위로받는지, 요즘 사람들이 선호하는 바람직한 인간상은 어떤 유형인지, 그들의 가치관과 직업관은 어떤지, 굉장히 다양한 면을 살펴보고 공부해서 시대의 화두를 끄집어 내고, 스토리텔링을 통해 광고에 담아야 하죠. '사회구성원이 생각하는 가치'와 '브랜드가 추구하는 가치'가 같다고 동질감을 느낄 수 있게 만들어야 합니다.

시대 공감, 시대의 화두를 끌어낸 광고로서 코로나 시기의 광고들을 잠시 이야기해볼까 합니다. 코로나로 인해 달라진 세상. 그 세상을 적응하고 이겨나가는 사람들의 이야기로 여러 광고들이 나왔죠. "이번 추석만큼 서로의 건강을 빌었던 때가 있었을까요?"라며, 만날 수 없는 가족의 건강을 기원하는 다양한 사람의 목소리를 담았던 정관장의 광고, 코로나로 인해 힘들었던 사람들의 모습과 함께 회복하는 힘을 이야기한 박카스 광고도 코로나를 지나온 우리의 모습을 담아낸 광고였을 겁니다.

2022년 온에어 된 박카스 광고 영상을 제작할 당시에도 포스트 코로나라는 지금의 시대 공감을 담아내고자 어떤 인물상을 보여줄지, 그리고 그 인물을 가지고 어떻게 스토리텔링 할지에 대한 고민이 필요했습니다. 이전과 이후의 모습이 가장 많이 달라질, 그래서 그만큼 피로할 사람은 교사가 아닐까 생각했고, 이 캐릭터를 어떤 모습으로 보여줘야 많은 사람들이 공감하고, 그러면서도 제품이 이야기하는 회복력을 선망할지 특히 고민했습니다. 그렇게 투덜거리면서도 실은 열심히, 기꺼이 즐기며 자기 몫을 해내는 멋진 선생님이 완성되었고, 그런 모습을 통해 우리 모두가 시대의 변화를 마주하고 적응해 나가길 바라는 소망을 담을 수 있었다고 생각해 봅니다.

헤겔은 한 시대를 관통하는 시대정신은 그 시대가 끝나야만 비로소 알 수 있다고 얘기했는데, 사실 그 시대가 끝나기 전에 그 시대의 광고를 보면 지금의 시대정신을, 시대를 살아가고 있는 우리의 공감대를 조금은 엿볼 수 있는 것 같습니다. 그리고 어쩌면 이게 광고를 만드는 사람들이 시대를 계속 쫓아야만 하는 이유이지 않을까요.

인생은 래프팅

나이가 들다 보니 인생에 대해 여러 가지 생각을 하게 됩니다. 가정에서도 직장에서도 세대의 중간쯤 되는 역할을 하다 보니 양 세대 간의 차이가 조금씩 보이더군요.

지금의 노년 분들 세대의 인생은 '등산' 같은 게 아니었나 싶어요. 나는 무엇무엇이 될 거야, 어디까지 갈 거야, 이렇게 목표를 정하고 꾸준히 갑니다. 비가 오나 눈이 오나 묵묵히 한 걸음 한 걸음 걷는 거죠. 같은 목표를 가진 사람들과 열심히 갑니다. 그러다 보면 목표점에 도착하는 사람도 있고 도착하지 못하더라도 대부분 목표했던 그 언저리까지는 가곤 했습니다.

서른이 되기 전엔 결혼을 해야 하고, 이 나이 정도 되면 아이를 낳는다, 이 정도 돈이 모이면 아파트를 산다, 정해진 나이가 되면 정년 퇴직을 한다, 뭐 이런 사회적 지표들도 확연하게 존재했던 것 같습니다. 사회적으로 합의된 그때를 놓치면 늦깎이 신입, 노총각 같은 꼬리표가 붙었죠. 아마도 사회 전체가 같이 성장하던 고속성장기라 그랬던 것 같습니다.

"이대로 멈추지만 않는다면 저기 언덕까지는 가겠구나"처럼 어느 정도 예측이 가능한 시대, 꾸준함과 무난함이 미덕인 시절. 한 가지 기술만 잘 만들어 놓으면 평생 동안 일할 수 있었던 시절. 은행 이자가 20퍼센트를 넘던 시절. 마치 천천히 오르막을 올라가는 무빙워크에 올라가 있는 그런 느낌이랄까요. 추수철이 되면 모두 밭에 나가서 다 같이 일을 하고 모두 같이 새참을 먹고 낮잠을 자는 농부 같은 인생. 물론 그 시절에도 힘들고 괴로운 일들, 불평등하고 불합리한 일들이 있었겠지만 상대적으로 그렇다는 얘기입니다.

그런데 요즘 우리 세대의 인생을 가만히 뜯어보면 '래프팅' 같다는 생각이 듭니다. 일단 '땅'이 아니고 '물'이죠. 가만히 있고 싶어도 그냥 막 흘러갑니다. 어디로 가는지 모르겠는데 자꾸만 흘러갑니다. 바로 옆에서 출발하던 친구들은 온데간데없고 느닷없이 물길이 좁아지고 폭포가 나옵니다. 정신이 하나도 없습니다. 그럴 때 할 수 있는 건 그냥 바로 코 앞만 보고 가는 겁니다. "저 돌만 피하자", "옆 사람이랑 안 멀어지나 잘 보고 있자," 이렇게 하루하루 정신차리고 순발력 있게 대응하는 방법밖에 없습니다. 새로운 기술이 나오면 빨리 적응해서 익혀야 하고, 촉각을 세워서 그나마 어느 길이 맞을지 예측해야 합니다. 그뿐만 아니라 어떻게든 시간을 쪼개서 쉬기도 하고 재미도 찾아야 합니다. 출발 지점도 천차만별이고 물살에 따라 누구는 빨리 가고 누구는 천천히 갑니다. 이 정도면 결혼해야지, 뭐 이런 사회적 지표도 의미 없어지고 당연히 하

인생은

래프팅

는 걸로 알고 있던 2세 계획도 옵션입니다. 누구는 파이어족이니 뭐니 일찍 은퇴를 하고 각자 자기 스타일 대로 인생을 설계합니다.

예전이 좋았다느니 하는 이야기가 아닙니다. 이런 큰 시대의 흐름은 고민해봤자 도움이 안 되거든요. 그저 받아들이는 방법밖에 없죠. 고민할 시간에 노 한번이라도 더 젓고, 돌 피하고, 얼른 퇴근해야죠. 저기 또 뭔가 큰 게 오고 있는 것 같은데, 닥치면 그때 생각하려고요. 어떻게든 하게 되겠죠.

전현직자 Q&A 6편

매스매스에이지 강수민 EPD

구력이 어마어마한 고인물 오브 더 고인물 매스매스에이지의 강수민 EPD를 만나보았습니다. 광고도 광고지만 사진전도 열고, 다양한 분야의 영상 제작을 연출하기도 하고, 영상 제작 분야에서 다양한 일들을 늘 즐겁게 하는 분입니다. 광고 제작에 있어서 PD란 무엇인지 여쭈어보았습니다.

Q1. 프로덕션 PD는 어떤 일을 하나요?

A1: 광고 프로덕션 PD는, 광고 영상에 대한 전체 프로듀싱을 담당합니다. 콘티 트리트먼트에서부터 촬영 준비 및 촬영, 예산 집행, 모델 관련 진행, 포스트 프로덕션 업무에 이르는 광고 영상 제작 과정 전체에 개입해 전반적인 진행을 총괄합니다. 감독과 콘티 트리트먼트 단계부터 협력해 긴밀하게 촬영 진행에 개입하고, 대행사와는 촬영 진행과 예산 집행 및 포스트 프로덕션 업무에 대한 커뮤니케이션을 담당합니다.

Q2. 라인PD, EPD… PD도 역할에 따라 조금씩
다르던데 어떻게 다른가요?

A2: 심플하게 이야기하면, EPD는 executive pd
로 대행사와 감독과 함께 커뮤니케이션하여, 전
체 프로젝트의 방향성을 정해 제작 진행을 리드
하는 역할이고요, 라인PD는 EPD를 서포트하
면서 하나의 프로젝트가 잘 굴러가기 위해 챙겨
야 할 많은 상황들을 세세하게 체크하며 진행하
는 역할을 합니다. 감독이 조감독과 함께 촬영 진
행을 위한 전반적인 사항을 준비하는 것처럼요.

Q3. 원래 꿈이 이쪽 일이었나요? 어쩌다가 이
일을 시작하게 되었나요?

A3: 원래 꿈은 건축을 전공한 영화감독이었어
요. 고민 끝에 건축과를 포기하고 영화학과로 진
학했는데, 막상 대학을 가서 학과 수업을 듣다
보니 기대했던 것과는 차이가 많더라고요. 그
래서 1학년이 끝나자마자 휴학했죠. 그때 우연
히 신문에 실린 어느 광고대행사의 채용 공고
를 보게 되었는데, 당시 TTL 캠페인을 제작해 히

트를 쳤던 대행사가 아주 독특한 컨셉으로 "대학생 크리에이티브 그룹"을 뽑고 있었어요. '크리에이티브 그룹은 도대체 뭘 하는 걸까?' 단순한 호기심에 이끌려 지원을 했고 운이 좋게 뽑혀서 그곳에서 광고 기획일을 배우게 되었죠. 물론 그 때문에 광고 PD 일을 시작한 건 아니었지만, 모든 건 아주 작은 우연에서 시작되듯이 그렇게 광고를 접했어요.

어느덧 시간이 흘러 유학을 갈까, 시나리오를 써볼까 고민하던 취준생 무렵에, 우연히 TV에서 커피 광고를 봤어요. '참, 짧구나. 짧아도 드라마가 되는구나. 영화보다 만들기 쉽겠구나' 하면서 무릎을 탁 치곤, 가장 근사해 보이는 이름을 가진 프로덕션을 찾아 무작정 이력서와 포트폴리오를 보냈어요. 얼핏 보면 프로페셔널해 보이는 이 직업을, 정말이지 아무 생각 없이 몇 번의 우연을 거쳐, 느닷없이 시작하게 된 거죠.

Q4. 오래되긴 했지만 사진전도 열었던 걸로 압니다. 이런저런 콘텐츠들을 만들다 보면 오롯이 자신의 것을 만들고 싶을 것 같은데요, 그런 욕

망이 있었나요? 혹시 준비하고 있는 다른 게 있
을까요?

A4 : 꽤 자주 그런 생각을 하는 편이에요. 생각하
는 것만큼 실행에 옮기는 데엔 게으른 편이지만.
그래도 몇 년 전, 아이폰으로 가볍게 뮤비를 두
편 정도 찍었는데 그걸 통해 의도치 않게 광고 연
출도 하게 되었어요. 그게 또 꼬리를 물고 물
어 패션 런웨이 필름도 우연히 찍었고요. 그 시
즌의 룩을 감각적으로 또 직관적으로 보여줘
야 하는 필름이었죠. 브랜드 컬러가 잘 드러
나게요. 한 번도 경험하지 못했던 쪽이라 호
기심이 발동했어요. 그렇게 만든 런웨이 필름
이 또 관계자의 눈에 띄어 서울 패션위크의 런웨
이 필름을 반 이상 연출할 수 있는 기회도 얻었
습니다. 뭔가 의도치 않게 여러 가지 일을 경험
하고 있는 중이에요. 역시 일은 저질러봐야 한다
는 걸 느꼈죠. 앞으론, 청춘에 대한 드라마를 기
획해보고 싶은 오랜 열망을 부디 착실히 실행
에 옮겨보고 싶어요. 더 나이 들기 전에요.

Q5. 이 힘든 바닥에서 그렇게 오래 버텨온 거

보면 적성에 잘 맞나 봐요. 이 일의 매력이 있다
면 무엇이 있을까요? 어떤 성향의 사람들이 PD
를 하면 잘 맞을까요?

A5: 제가 느끼는 이 일의 매력은 나잇대에 따라
달랐던 것 같아요. 어릴 때는 다양한 분야의 사
람들과 함께 일하는 점이나 다양한 촬영 현장
을 경험하는 데에 재미를 느꼈다면 최근에는 낯
선 브랜드를 만났을 때 매력을 느낍니다. 새로
운 브랜드를 알게 되고 그 브랜드를 만든 사람
들을 만날 기회가 생기고, 그렇게 새로운 정보
를 얻으며 스토리를 알게 되면, 세상의 흐름이
랄지 여러 분야에서 중요한 흐름을 만드는 사람
들을 알게 되면서 굉장히 흥미를 느끼고 자극
을 받아요. 제가 소비자의 입장이 아닌, 개발자
의 입장을 알게 되는 거라서 굉장히 매력적이라
고 할 수 있어요. 이렇게 다양한 것들에 관심이
많고 흥미를 가지는 사람이라면, 그리고 커뮤니
케이션에 센스가 있는, 관계를 중요시하는 성향
이라면 PD 일에 적성이 아주 잘 맞을 것 같습니
다. 참, 체력 관리는 필수고요.

Q6. 다시 태어나서 직업을 선택할 수 있다면 어떤 직업을 택하실 건가요? (광고업 내에서 고르신다면요?)

A6: 촬영감독이요! 드론 촬영까지 가능한 감독이요.

전현직자 Q&A 7편

키스톤 필름 프로듀서 남윤석

기왕 PD님 인터뷰를 한 김에 한 분 더 만나보았습니다. 이번에는 국내가 아니고 해외에서 PD를 하는 분입니다. 광고 제작을 해외에서 하는 경우 현지 프로듀서를 필요로 합니다. 촬영 로케이션의 퍼밋부터 통역, 모델 섭외, 장비 대여, 스탭 구성, 이동 및 숙소 등 해외 촬영에 필요한 거의 모든 일을 하는 매니징 프로듀서이지요. 프랑스에 거점을 두고 유럽 등 많은 국가의 프로듀싱을 담당하는 키스톤 대표 남윤석 프로듀서와의 짧은 인터뷰입니다.

Q1: 간단한 본인 소개 부탁드립니다. 어떻게 이 일을 시작했고 지금 어떤 일을 몇 년째 하고 있나요?

A1: 저는 1990년에 영화를 공부하기 위해 프랑스에 유학을 왔고, 학교 과정 중 인턴과정을 수료해야 하는 학점이 있어서 1992년 여름에 한국에 들어가 KORAD(코래드)라는 대행사 내의 프로덕션 PD팀에 들어가면서 광고에 입문하게 되었습니다. 그 후 코래드 연출 팀에 계시던 강두

필 감독께서 프랑스로 유학을 오셨는데, 그 시절이 한국에서 해외 촬영 프로젝트가 본격적으로 시작되던 때였던지라 강 감독님께 현지 촬영에 대한 프로듀싱을 해달라는 요청이 많이 있었습니다. 강 감독님께서 유학을 오신 지 얼마 되지 않은 상황이라 저에게 함께 일하면 좋겠다고 제안을 주셔서 저는 프러덕션 러너로 시작해 라인프로듀서가 된 1998년까지 학업과 일을 병행했습니다. 한국에 IMF가 터지고 한동안 해외 프로젝트가 없어진 무렵, 강 감독님께서 한국으로 다시 들어가시고 제가 프랑스 프로듀서와 함께 회사를 맡아오다 2002년에 키스톤 필름(KEYSTONE FILMS)이라는 프로덕션을 만들어서 지금까지 일하고 있습니다.

Q2: 지금 하는 일의 가장 큰 매력과 가장 큰 리스크는 무엇인가요?

A2: 질문에 대한 답으로 좀 아이러니할 수도 있지만, 가장 큰 매력 중 하나는 리스크 테이킹이 아닐까 합니다. 프로듀싱이라는 작업은 늘 리스크를 줄이고 또 리스크로 발생된 일들을 해결하

는 일입니다. 문제를 발견하고 연출자를 포함해서 함께 작업하는 모든 사람들과 해결 방법을 모색하고 고민하는 일, 그리고 작업이 완성되어 세상에 나왔을 때 기쁨을 느끼는 일이지요.

두 번째로 빼놓을 수 없는 건, 여행으로도 가기 힘든 여러 나라들을 다닐 수 있다는 것입니다. 그리고 각 프로젝트마다 새로운 사람들과 만나고, 전 세계에 있는 많은 사람들과 작업하는 것도 이 직업의 큰 매력입니다.

하는 업무 중 가장 큰 리스크는 날씨입니다. 해외 촬영은 99퍼센트가 세트가 아닌 로케이션에서 진행되기 때문에 날씨가 작업에 주는 영향이 아주 상당히 큽니다. 비나 눈이 많이 온다든지 하는 자연현상은 인간이 해결할 수 있는 일이 아니니까요.

Q3: 일반적인 직업이랑은 상당히 다른 일을 하고 계신데 그쪽 일이 워낙 전문적이고 특수성이 있으니(해외에 살아야 하니) 후배나 동료를 찾는 일도 쉽지 않아 보입니다. 혹시 이쪽을 목표로 준비하는 사람이 있다면 어떤 조언을 해줄 수 있을까요?

A3: 프랑스가 영화가 탄생한 나라여서 많은 영화학도들이 유학 중이고 유학을 준비하는 분들도 많이 있을 거라 생각됩니다. 저도 영화학도로 시작을 했으니까요. 그래서 주변에 영화 혹은 영상을 하는 친구들이 가끔 회사로 찾아와 조언을 구합니다. 사실 유학을 오는 대부분의 학생들이 연출자를 꿈꾸면서 오는 경우가 많습니다. 처음부터 프로듀싱을 공부하러 유학을 왔다는 이야기는 아직 들은 적이 없거든요. 저도 마찬가지로 연출 공부로 영화를 시작했고 2년 후에 바로 프로듀싱으로 진로를 바꾼 케이스입니다. 영상 분야에 관심을 가지고 계신 분들이면 모두 아시겠지만, 정말 많은 분야의 전문인들이 함께 모여 작업을 하는 영역이고, 내가 정말 잘하는 게 무엇인지, 좋아하는 게 무엇인지를 아는 것이 가장 중요합니다. 그리고 언어 능력이 정말 중요합니다. 자신의 일의 영역을 넓히고 어디서든 일할 수 있으려면 외국어가 기본이니까요.

Q4: 특별히 기억에 남는 에피소드가 있을까요?

A4: 워낙 오랜 기간 프랑스에 살면서 전 세계를 다니며 영상 작업을 해와서 셀 수 없을 정도로 에피소드가 많네요. 그 중 하나만 얘기하자면, 장동건 씨가 출연하는 KT 광고를 찍으러 베니스에 간 적이 있는데, 촬영하기로 한 날이 하필 베니스가 물에 잠길 정도로 비가 많이 내린 날이었어요. 베니스에 60년 만에 최대 폭우가 왔다고 모든 신문에 기사가 나올 정도였죠. 배우 스케줄, 제작비 이슈로 날짜를 미루지 못하고 촬영할 수밖에 없는 상황이었습니다. 전날 밤, 정말 앞이 깜깜하더라고요. 하늘에는 구멍이 난 것처럼 계속 폭우가 쏟아지고 바닥은 빗물이 가득 차오르고… 스탭들 장화를 밤에 마련하고 거의 뜬 눈으로 촬영 날을 맞았죠. 하늘은 계속 물을 쏟아내고 거의 좌절해 있을 때, 저 멀리 하늘에 구멍 하나가 보이는 거예요. 하나님께 기도드렸습니다. 좀 살려달라고요. 정말 그렇게 간절한 기도를 드렸던 적이 많지 않았던 것 같았어요.

2시간 정도 지났을까? 기적같이 하늘 저 멀리 있던 구멍이 저희가 촬영하는 장소로 와 주었고 물이 무릎 위까지 찬 베니스 도심을 준비한 장화를 신고 조명 장비를 손으로 들고 다니면서 촬영했습니다. 정말 기적 같은 촬영이었죠.

Q5: 광고에서도 영화에서도 다양한 방면에서 일을 하고 계신데요, 향후 계획은 무엇인가요?

A5: 광고 일만 계속 하던 때에 홍상수 감독님 영화를 같이 하자는 제안을 받았었어요. 프랑스에서 촬영하는 일이었는데 제가 워낙 감독님 팬이었어서 다른 일을 다 제끼고 하겠다고 했죠. 감독님이 어느 날 제게 어떤 말씀을 해주셨고 그 후, 초심으로 돌아가서 하고 싶었던 영화 작업을 틈날 때마다 조금씩 하기 시작했습니다. 마음이 있는 곳에 시간과 열정을 쏟다 보니 멀게만 느껴졌던 영화의 길이 조금씩 열리더라고요. 이제는 작업한 영화 필모그래피도 꽤 쌓이게 되었네요. 지금은 두 번째 프랑스 영화 공동 제작자로 한국에서 촬영하는 프로젝트를 준비 중이고요, 프랑스에서 촬영해야 하는 한국 영화도 공동제작으로 준비 중입니다. 그 외에도 한국 영화를 리메이크하는 프랑스 영화, 애니메이션 영화 공동제작 등 한국과 프랑스가 함께 공

동으로 작업할 수 있는 콘텐츠 제작을 계속적으로 해나갈 목표를 가지고 있습니다.

6장

사 연 없는
광고 없다

1월 8일의 일기

OO기업 마케팅팀 조팀장

전무님이 새로 오셨다. 첫인상으로 사람을 판단하는 건 좀 아닌 거 알지만 아무래도 올 한 해는 폭망각인 듯싶다. 3개월 동안 고생해서 만든 애뉴얼, 피땀 흘려 만든 그 애뉴얼을 박 파트장이 PT했고 멋지게 한방에 날려주셨다. 자신 없으면 대행사를 시켜야지 왜 굳이 본인이 하셔서 우물쭈물하다 날려 먹는 건지… 하아… 안 그래도 올해 할 일 산더미인데… 영업 부서에선 왜 캠페인 시작 안 하냐고 책임지라고 난린데… 또 한 달은 까먹게 생겼다. 다음 주에 가족여행 간다고 했더니 파트장이 죽일 듯 쳐다본다. 하아. 와이프한텐 또 뭐라고 해야 하나… 전무님 피드백은 민철이한테 넘기라고 하고 소주나 빨러 가야겠다.

편집실 장실장

3일 밤새고 14시간을 잤다. 겨우 정신 차리고 코엑스에 밥 먹으러 갔다가 임CD를 만났다. 표정 관리 잘했는지 모르겠다. 횡설수설하다가 헤어졌는데 눈치챘으려나 모르겠네… 아무튼 이번에 작업한 거 정산 제대로 안 해주기만 해봐라, 확 그냥…

대행사 제작팀 임CD

나가리 됐다는 얘기 듣고 전화 끄고 뛰쳐나왔는데 마땅히 갈 데도 없고 해서 극장에 갔다. 영화 보고 나오는 길에 이번 PT 때 많이 고생해주신 편집 실장님을 만났다. 늘 웃으며 인사해주신다. 참 좋은 분 같다. 편집도 센스 있게 잘하시고 인상도 좋고 매너도 너무 좋으시다. 조금은 기분이 좋아졌다. 아직도 이 바닥엔 좋은 사람이 많은 것 같다. 여자친구 없으면 우리 팀 정카피나 소개시켜줄까 싶다. 다음에 물어봐야지.

대행사 AE 최팀장

아무래도 치킨집을 알아봐야겠다. 석 달 동안 PT 여섯 판. 드디어 끝나나 했는데 전략부터 다시 하잔다. PT 비용만 2,000이 넘는데… 임CD가 뭐라고 소리 지르더니 다른 팀 알아보란다… 하아. 전생에 난 무슨 죄를 지은 걸까. 민철 대리는 횡설수설하고 조팀장은 전화도 안 받는다. 치킨집이 좋을까 커피 프랜차이즈가 좋을까.

임CD팀 카피라이터 정은혜

재PT는 그렇다 치고 퇴근한 건지 잠깐 나간 건지는 알려주고 나가야 우리도 집에 가든지 말든지 할 거 아냐!!! 카톡은 보지도 않고!!!

가상으로 꾸며본 (정말입니다) 어느 해 1월 8일의 일기입니다. 이쪽 바닥엔 대략 이런 종류의 일들이 종종 일어나곤 합니다. 잘 진행되던 일들이, 어렵게 고생하면서 끝이 보인다 싶었던 일들이 하루아침에 홀랑 날아가는 그런 일들. 꽤 자주, 아무렇지 않게 일어납니다. 멘탈 관리가 필요하지요.

"바꿀 수 없는 것을 평온하게 받아들이는 은혜와 바꿔야 할 것을 바꿀 수 있는 용기. 그리고 이 둘을 분별하는 지혜를 허락하소서."

라인홀트 니부어의 기도문에 있는 글귀라고 하는데 이건 광고일을 할 때도 꼭 필요한 것 같습니다. '지금 이 문제를 설득해서 바꿔야 되는 걸까, 빨리 포기하고 다른 대안을 찾아야 되는 걸까' 늘 고민하죠. 언제나 어렵고 혼란스럽습니다. 광고 제작은 수많은 판단을 필요로 합니다. 모델을 정하는 것부터 의상을 고르는 일, 제작할 프로덕션 선정부터 OK컷을 고르는 일까지… 수많은 결정이 모여서 프로젝트가 완성되는데, 그 모든 판단과 결정을 한 사람이 하는 게 아니다 보니, 그리고 각자의 입장이 있다 보니 언제나 의견충돌이 생깁니다. CD 입장에선 제작물의 완성도나 기획 방향에 영향을 준다 싶으면 설득해야 하는데 그때 니부어의 기도문에 있는 '지혜'가 필요합니다. 받아들여야 하는 건지 용기 내야 하는 건지. 나름 이 일을 오래 했다고 생각하는데 매번 너무나 어렵고 혼란스럽습니다.

그래도 그간 얻은 나름의 노하우가 있다면 '복기 노트'를 만드는 겁니다. 프로젝트가 끝나면 발생했던 여러 문제들과 그 판단에 따른 결과를 복기해보는 거죠. "역시 그때 그건 막았어야 했어" 혹은 "그때 그건 그냥 넘어가도 되는 거였겠구나" 이렇게 복기해두는 거죠. 나름 도움이 많이 됩니다. (제일기획엔 프로젝트가 끝나면 AE, 제작, PM 등 담당자들이 모여서 레슨 런드(Lesson Learned)를 체크하는 공식적인 절차가 있습니다.)

시행착오를 통해 여러 번 고생하다 보면 '지혜'까지는 좀 그렇고 '촉' 같은 게 생깁니다. 무조건 설득해야 할 문제인지, 그냥 포기하고 대안을 찾는 게 맞는 상황인지 느낌이 오죠. 한 가지 팁이 있다면 수정 요청은 조금 모아서 처리하는 게 유리합니다. 살을 주고 뼈를 취한달까요? 어느 정도 수정 사항이 모이면 포기해도 되는 것과 꼭 지켜야 하는 것을 잘 나눠서 설득하는 게 제작 입장에선 조금 유리합니다. 광고는 아이디어를 잘 내는 것도 잘 파는 것도 중요하지만 얼마나 잘 지켜내는지가 정말 중요합니다.

① 그날은 뭔가 잘 안풀리는 날이었죠. 모델도 까칠하고 광고주 분들도, 대행사도, 특히 감독님의 심기가 역대급으로 안좋은 그런날 이었습니다.

② 촬영장에 늦게도착했던 저도 셋트장 안에 뭔가 수상한 분위기를 직감하고 잠시 상황을 지켜 보기로 했습니다.

STUDIO A

원가 수상쩍은 분위기

조감독

③ 보통 이런 상황일때는 무조건 자리를 피하는게 상책입니다.
우리 감독님, 한번 빠쳐시면 최소 20분은 지랄... 아니 화를 많이 내시거든요.

일단 따뜻한 스타렉스 안에 숨어서 뿜 베츠트나 보고 있으면 됩니다.

♪♬~♭

④ 자, 15분이 지났네요. 지금쯤이면 감독님도 진정 하셨을 겁니다. 어떻게 아냐구요? 조감독 생활 6년이면 이정도 쯤은 다 합니다. 훗.
자! 이제 슬슬 상황을 알아 볼까요?
셋트장에 있는 후배 조감독 '노예 2' 군에게 톡을 보내 볼까요~

⑤

노예 2

음~ 이제 좀 진정 되신것같...

까톡!

노예 1 감독님

감독님 지랄 끝나셨니?

감독

그렇습니다. 노예 2 에게 보낸다는걸 감독님 보낸거죠. 그렇게 저는 감독님과 서먹서먹 한 사이가 되엇 답니...

2차 발화 중

광고인의 직업 만족도

2009년쯤 우연히 직업 만족도에 대한 리서치 자료를 본 적이 있습니다. '직장인들은 어떤 포인트에서 자신의 직업에 대해 만족감을 느끼는지'에 대한 꽤 디테일한 리서치였죠. 미국에서 진행한 조사인 걸로 기억되는데 변호사, 의사, 경찰, 회계사, 일반 사무직 등 직종별로, 또 CEO부터 정규직, 계약직까지 고용 형태와 직급별로, 소득별로 테이블을 나누고 단순 서베이부터 FGI, 일기까지 쓰게 하는 등 매우 다양한 조사 방법을 통해 꽤 오랫동안 진행된 리서치였습니다. 조사의 스케일도 컸지만 결과가 의외여서 아직도 기억에 남습니다.

그 조사 결과에 따르면 직장인이 자신의 직업에 만족하는 척도는 연봉도, 복지도, 사회적 지위도 아닌 '하고 있는 업무 진도에 대한 피드백'이었습니다. 내가 오늘 얼마만큼 일을 했는지, 또 진행하던 프로젝트는 어느 정도 진행되었는지 '업무의 진도가 명확하고 빠르게 피드백' 되는 직업일수록 본인의 직업에 대한 만족도가 높고 스트레스는 낮다는 얘기였죠. 만약 그 결과 대로라면 광고인의 직업 만족도는 빵점에 가깝습니다.

OT를 받고 프로젝트가 시작되고 전략을 짭니다. 타깃을 분석하고 다양한 방법으로 부지런히 방법을 찾고 크리에이티브로 포장을 합니다. 브랜드와 제품과 가장 잘 맞는 모델을 찾고 수많은 시간을 들여 그림을 만들고 카피를 구성합니다. 여기저기서 소스를 찾고 분위기에 맞는 BGM을 찾아 몇 날 며칠을 밤새 편집하고 옥상옥인 내부 리뷰를 거쳐 PT를 준비합니다.

그 모든 노력과 시간이 담당 임원의 한마디. "글쎄 난 잘 모르겠네요"로 물거품이 됩니다. 전략부터 다시 시작. 허무하기 짝이 없는 일이죠. 물론 예상이 적중하고 흔쾌히 방향에 합의가 되어 일사천리로 진행되는 경우도 있습니다만, 원래 성공보다 실패할 때의 데미지가 오래가는 법이니…

게다가 요즘은 워낙 다이내믹한 시대다 보니 별별 일들이 터지곤 합니다. 코로나19부터 시작해서 어렵사리 정해진 모델이 사회적 물의를 일으키기도 하고 별의별 일들이 빵빵 터집니다. 그때마다 진행하던 일들이 홀랑 날아가서 다시 하는 경우도 많죠.

저에게 있어서 광고 제작업무의 직업 만족도는… 그래도 10점 만점에 8점 정도 되는 것 같습니다. 피드백은 엉망이고 늘 어렵고 힘들지만 그래도 매번 새로운 일을 하는 신선함이 있고, 공부를 하면서 얻게 되는 만족감도 있고, 시간이 지나면서 생기는 일종의 통찰력 같은 부분이 힘든 부분을 상쇄합니다. 거기에 프로젝트가 잘 마무리되었을 때의 해방감과 같이 작업했던 사람들과의 팀워크도 큰 몫을 하죠. 어쩌면 모든 직업이 다 비슷할 것입니다. 힘들지만 해볼 만한 포인트들이 있습니다. 그 두 가지의 밸런스만 괜찮다면 말이죠.

광고인의 워라밸

옛날 얘긴 되도록 안 하고 싶지만 워라밸을 말하려니 과거 이야기를 안 할 수가 없네요. 제가 처음 광고회사에 들어왔을 2007년 무렵의 하루 일정을 복기해보면 이렇습니다. 12시가 거의 다 되어 출근합니다. 점심 먹고 2시쯤 일을 시작해서 8시~9시쯤 모두 모여서 아이디어 회의를 합니다. CD의 가이드를 참고로 피드백을 반영해서 작업하다가 자정 넘어 끝나면 택시 타고 새벽 2시쯤 집으로 귀가합니다.

늦게 왔으니 (야식 먹고) 늦잠 자다가 다시 점심쯤 출근… 이런 루틴이 무한 반복되는 시절이었습니다. 대행사 입사하고 1년 뒤에 결혼을 했는데 신혼의 기억이 거의 없습니다. 그주 토요일, 일요일에 쉴 수 있는지를 금요일 오전에도 몰랐을 정도니까요. 지금 생각해보면 왜 그렇게 살았나 싶지만 그때는 그런 분위기랄까 공기 비슷한 게 어디나 깔려 있어서 누구 하나 선뜻 이거 너무 심한 거 아니냐, 뭐 이런 얘기를 못했죠. 회사 근처에서 술 마시다 새벽 3시쯤 들어와도 제작들 두세 명씩은 자리에 있던 시대였으니… 그땐 그게 제작의 미덕이랄까 그런 걸로 포장되었던 시절이었습니다.

그런데 요즘은 정말 많이 좋아졌죠. 회의는 최대한 오전에 진행하고 점심시간은 크런치타임까지 포함해서 2시간까지 활용 가능합니다. 각자 정해진 출퇴근 시간 없이 생활하죠. 주 40시간 이상, 주 52시간 등등 정해진 시간을 기준으로 근무하고 그룹웨어에 기록만 하면 됩니다. 추가 근무가 생기면 정확히 기록하고 보상을 받습니다. 병가도, 육아휴직도, 연차도 눈치 안 보고 낼 수 있는 분위기입니다. 남자 직원도 육아휴직을 눈치 보지 않고 낼 수 있는 시대라니 정말 아름답습니다. (개인적으로 아빠가 육아휴직하는 거 정말 대찬성입니다. 나도 할걸…)*

* 물론 10년, 20년 전에 비해서 전반적으로 좋아졌다는 말입니다. 여전히 눈치 주는 팀장도 어딘가 있을 테고 무리한 요구를 하는 경우도 많겠죠. 그래도 더 좋은 환경을 향해 바뀌어가고 있다는 데 의미를 두면 좋겠습니다.

직장인의 성취감

한때 각종 예능에 셰프가 많이 등장했던 적이 있습니다. 자연스럽게 광고 모델로도 많이 거론되곤 했죠. 수많은 직업 중에 왜 셰프가 갑자기 이렇게 많이 나오나 싶어 내심 궁금했는데 그 원인이 현대인의 성취감과 관련 있다는 얘기를 들었습니다.

주장의 요지는 현대인에게 충족되어야 하는 중요한 정신적 요소가 '성취감'인데, 그 성취감을 대리 만족시키는 게 '셰프의 요리'라는 것이었죠. 요즘은 좀처럼 성취감을 얻기가 힘든 사회구조입니다. 직장을 구하기도 힘들고 직장을 얻어도 승진이 쉽지 않고, 급성장하는 회사나 업종도 찾기 힘든 성장이 멈춘 정체기에, 결혼과 육아 역시 힘든 시기입니다. 요리는 그런 면에서 이런 시대에 가장 쉽게 성취감을 얻을 수 있는 분야라는 게 요지였습니다. 셰프들이 멋지게 요리하는 과정을 보며 일종의 대리만족을 경험하고 본인도 요리를 하면서 성취감과 행복감을 얻는다는 거죠.

듣고 보니 일리 있는 얘기인 것 같습니다. 저의 부모님 세대가 사회생활을 하시던 80~90년대는 국가적 경제가 크게 성장하는 시기였죠. 다들 비슷한 나이에 취직을 하고, 나라가 성장하는 만큼 기업도 성장하는 시대였습니다. 작은 회사든 큰 회사든 연차가 쌓이면 승진이 되고, 월급이 오르던, 금리도 높던, '집단적 성취감'이 충족되던 시절이었습니다. 게다가 전쟁 이후 거의 대부분의 사람들이 동일한 선상에서 출발하던 구조라 요즘처럼 금수저, 흙수저 같은 형평성 문제도 상대적으로 적을 때였죠.

물론 지금의 삶에서도 다양한 부분에서 성취감을 얻을 수 있습니다. 밀렸던 소소한 일들을 하면서 얻는 성취감도 있을 테고, 어려웠던 프로젝트를 해내면서 얻는 성취감도, 목표했던 마라톤을 완주하면서 얻는 성취감, 주말 저녁 라면을 맛있게 끓여낸 성취감도 있을 수 있죠. 그런 크고 작은 성취감들이 모여서 힘들어도 살 만하게 되는 건데, 요즘은 그 밸런스가 많이 붕괴된 것 같습니다.

벼락거지라는 말 많이들 하죠. 상대적 박탈감을 자아내는 말입니다. 10년 동안 일해서 열심히 모은 돈보다 10년 동안 오른 집값이 더 크고, 코인으로 몇백 억 벼락부자가 된 스토리부터 주식으로 대박 난 이야기까지… 듣기 싫지만 계속 들리는 배 아픈 이야기들. 주말 저녁 맛있게 요리해서 얻는 소소한 성취감 따위, 경쟁PT 이기고 느끼는 희열 따위는 간에 기별도 안 가는 그런 세상에 살고 있는 겁니다.

"경쟁PT 하나 땄어!"

"오! 얼마 짜린데?"

"50억! 아 진짜 힘들었어."

"맞다, 저쪽 대행사 아트 하나가 코인으로 50억 벌고 퇴사했다던데…"

직장생활에서 얻는 성취감들은 대부분 시간과 노력을 투자해서 얻게 되는 것들입니다. 여러 험난한 상황을 꿋꿋하게 이겨내고 따낸 경쟁PT라든가, 10년 근무하고 받은 근속 기념 휴가라든가, 실장 5년 차 두 번의 탈락 끝에 얻게 된 '팀장'이라는 타이틀이라든가… 그런 소중한 가치들이 몽땅 돈으로 치환되다 보니 맥 빠지는 겁니다. 여러모로 마음을 잡기가 힘들죠.

뭐 방법은 없습니다. 초심을 잃지 말고 그냥 버티는 겁니다. 결과보다 과정에 집중하고 노력으로 얻어낸 것에 가치를 부여해야 합니다. 내 작은 성취감들. 하나 만드는 데 꽤 오래 걸리는 그 조그만 성취감들은 소중한 거니까요.

젖소의 고충

"젖 짜는 소는 나 하난데 젖 짜려고 줄 선 사람이 열 명이네." 모 선배 CD님이 광고회사 내부 리뷰를 앞두고 하

섰던 얘기랍니다. 워낙 중요한 일이기도 하니 리뷰는 없을 수 없습니다. 중요한 PT일수록 더합니다. 팀장 리뷰, 본부장 리뷰, 임원 리뷰, 사장님 리뷰 등등 안 그래도 모자란 시간에 리뷰 몇 번 하다 보면 녹초가 됩니다. 리뷰를 위한 리뷰까지 할 때도 있으니 말이죠. '이게 최선인가?' '약한데?' '전략부터 다시 생각해보는 건 어때?' '사흘 남은 거지?' '아직 시간 많잖아?' 등등 살 떨리는 피드백이 난무합니다. 뭐 단순히 혼나는 게 싫어서라기보다는 리뷰를 하다 보면 원래 우리가 하고자 했던 메시지가 더 무뎌지는 게 문제죠. 이 부분 조금 손대고 저 부분 조금 손대다 보면 초심도 잃게 되고 크리에이티브의 날카로움이 없어지게 됩니다.

개인적으로 가장 건설적인 리뷰는 이런 겁니다. 안을 결정하는 분의 눈높이에서 나올 법한 질문과 생각들을 알려주는 리뷰. 그리고 단계를 줄여 한 번에 모두 모여서 마무리하는 리뷰. 하나 더 하자면 대안 없이 걱정만 하는 리뷰보다는 답을 찾고 부족한 부분을 보완하는 리뷰.

고무적인 건 예전에 비해 리뷰가 확연히 줄고 있다는 겁니다. 단계도 줄고 회의 시간도 줄고 피드백도 빠르게 오고갑니다. 좋은 일이죠. 그런데 또 이러다 보니 뭔가 불안하기도 합니다. 뭔가 빠진 것 같은데, 누군가가 콕 집어주면 좋겠는데 하는 마음이랄까요? 사람의 마음이란…

광고의 전성기

꽤 오랫동안 통신사 광고를 담당하고 있을 때 "요즘 통신사 광고가 예전만 못하네"라는 얘기를 들었습니다. 괜히 찔려서 잠시 발끈했다가 곰곰이 생각해보니 맞는 말인 듯 하더군요. 가만 돌이켜보니 '쇼를 하라' 캠페인을 하던 그즈음의 통신사 광고들이 참 좋았던 것 같습니다. 너무 옛날 얘기 아닌가 싶지만, 그 시절 광고들이 캠페인 볼륨감도 크고 히트 광고도 많이 나왔던 것 같고, 통신 3사 광고 모두 와자지껄 재미있고 좋았던 시절 같습니다. (그즈음이 제가 광고를 막 시작하던 때라 왠지 더 좋아 보이는 걸지도 모르겠습니다만…)

추측건데 그때가 2G에서 3G로 넘어가는 시기였고 피처폰에서 스마트폰으로 넘어가는 시점이어서 할 얘기도 많고 마케팅 비용도 많이 쓸 때라 캠페인이 좋았던 것 아닐까 싶습니다. 영상통화, 해외로밍 등 2G에선 불가능하던 서비스들의 론칭 시점이기도 했으니 말이죠.

브랜드가 성장하는 시점에 해당 광고를 담당하는 건 꽤 괜찮은 경험입니다. 광고비도 제작비도 규모가 크기 때문에 그림 그릴 판이 크죠. 빅 모델을 활용해서 볼드하게 접근할 수도 있고 캠페이너블하게 IMC로 바리바리 풀어내기도 좋고, 제작하는 입장에선 여러모로 풍요로운 경험이 됩니다. 캔버스도 크고, 좋은 물감도 많고, 같이 작업하는 크루들도 훌륭하고요. 이래서 대부분 어떠한 산업이 성장하거나 패러다임이 바뀌는 시점에 히트 캠페인이 나오기 쉬운 것 같습니다. 물론 당장 좋은 캠페인을 못 만드는 제작의 비겁한 변명일 수도 있지만요.*

* 캠페인 광고라고 하면 대략 하나의 테마로 만드는 시리즈 광고를 말합니다. 한 가지 캠페인 카피를 가지고 다양한 서비스나 펙트들을 녹이는 건데, '쇼를 하라 대한민국 보고서' 혹은 '현대 생활백서' 광고 같은 걸 생각하시면 됩니다.

장수 브랜드들의 광고 마케팅 전략

간혹 오래된 장수 브랜드의 광고를 담당하게 될 때가 있습니다. 지속적으로 꾸준하게 브랜드 커뮤니케이션을 해온 곳이라면 문제가 없지만 브랜드는 오래됐고, 인지도도 어느 정도 있는데 한 10여 년 정도 커뮤니케이션을 안 해왔던 브랜드라면 고민이 깊어집니다. 특히 식음료 쪽이 그런 경우가 많습니다. 스테디셀러인 경우 굳이 광고 커뮤니케이션을 안 하더라도 매출이 유지되기 때문에 한 해 더해 건너뛰다가 시간이 흘러버린 경우죠. 잠시 손 놓고 있다가 보니 어느 순간 매출이 눈에 띄게 떨어진다거나, 매출은 유지되는데 마인드 셰어가 낮아진다거나. 뭐 그런 위기를 감지하면 다시 브랜드 마케팅을 고민하게 되는데,

이런 경우 좀 큰 수술이 필요합니다.

가장 쉬운 접근 방법은 '브랜드 리뉴얼'입니다. 브랜드 로고나 패키지 디자인을 시대에 맞게 새롭게 바꾸고, 타 깃의 눈높이에 맞춘 캠페인 슬로건과 적절한 모델을 활용해 캠페인을 진행하는 거죠. "00년 00월 000이 새롭게 태어납니다." 소비자들에게도 익숙한 메시지 구조이기도 하고 가장 효과적인 방법입니다만, 너무 대수술입니다. 마케팅 차원에서 결정할 수 있는 솔루션이 아니죠. 새로워 지는 팩트가 있어야 하다 보니 상품 개발부터 브랜드 전략, 로고와 패키지, 생산부터 마케팅까지 전부 관여된 굉장히 큰일이 됩니다. 비용도, 일정도, 결정도 쉽지 않고요. 괜히 어설프게 접근했다가 그동안 쌓아온 이미지를 망치는 경우도 많아서 조심스럽게 접근해야 합니다.

그래서 대부분 오래된 브랜드들의 마케팅이 어렵습니다. 브랜드 리뉴얼로 접근하기엔 바뀐 점이 없거나 바꿀 이유가 없고, 브랜드 인지도도 딱히 나쁘지 않은 경우 더 힘들죠. 아니 인지도도 아직 좋다면서 뭐가 문제야?라고 생각하시겠지만 인지도의 편차가 너무 커서 문제인 겁니다. 30대 이상은 모두 알고 있는데 10대, 20대는 전혀 모르거나 이름만 어렴풋이 알고 있는 그런 케이스들. 거기에 '국민00'이라는 수식어까지 붙어 있는, 오랫동안 사랑받았던 브랜드라면 더더욱 고민이 깊어집니다.

가장 먼저 해야 할 것은 브랜드의 자산이 무엇인지를 면밀히 찾아보는 일입니다. 우리 브랜드의 자산이 무엇무엇이 있는가, 그리고 그걸 소비자들은 왜 좋아해준 걸까, 그리고 무엇을 남기고 무엇을 바꿔야 할까 생각해야죠. "우리를 왜 좋아해준 걸까?" 이 부분이 가장 어렵습니다. 브랜드가 사랑받았던 시점의 사회문화와 경제적인 환경, 그 당시 타깃의 경제력과 광고모델이 가졌던 이미지 등 여러 가지 요인을 종합적으로 고민해서 분석해야 할 필요가 있습니다.

　브랜드 자산에는 여러 종류가 있습니다. 말 그대로 그 브랜드의 느낌적 느낌이죠. 그 '자산'은 패키지 디자인일 수도 있고, 캐릭터일 수도 있고, CM송일 수도 있습니다. 그런 거 상관 없이 브랜드 네임 자체가 큰 자산인 경우도 있고요. 이렇게 자산이라고 판단되는 여러 가지 요소들을 면밀하게 분류하고 추려나가면서 버려야 할 것과 지켜야 할 것, 바꿔야 할 것들을 깊게 고민해야 합니다.

　버려야 하거나 바꿔야 할 것들이 정해졌다면 되도록 과감하게 그냥 다 정리하는 게 좋습니다. 15초, 30초라는 아주 짧은 시간에 메시지를 전달하는 게 광고인지라 남겨야 할 거 한두 개만 남기고 나머지 애매한 것들은 과감하게 싹 버리는 게 여러모로 깔끔하죠. 돌이켜보면 이 부분에서의 의견충돌이 가장 많은 것 같네요. "아, 이건 버리기

아까운데…", "이건 잘 살리면 자산이 되지 않을까?", "아니야 이걸 사람들이 얼마나 좋아했는데" 등등 많은 대화가 오고갑니다. 특히 광고주 측 브랜드 담당자분들이 많이 아쉬워합니다. (그래도 장수 브랜드들은 대부분 이미지를 바꿀 단계까지 가는 경우는 없더군요. 그냥 올드해진 이미지를 젊게 바꾸는 게 목적인 경우가 더 많습니다.)

지켜야 할 것이 정해지면 또 하나 고민이 생깁니다. 원본 그대로 유지해야 하는지 아님 시대에 맞게 조금은 바꿔도 되는지의 고민인데, 예를 들면 CM송을 현대에 맞게 멜로디까지 바꾸는 게 맞는지 아님 최대한 원곡 그대로 살리고 연주만 새로 하는 게 맞는지, 뭐 그런 거죠. 개인적으로는 되도록 원형을 유지하는 쪽이 좋다고 생각합니다. 이게 뭐랄까… 배신감이 안 들게 잘 조절해야 하는 부분이 분명히 있거든요. 내가 기억했던 브랜드는 이게 아니었는데 뭔가 어색한데? 이런 이질감이 들지 않도록 잘 튜닝해야 합니다.

다행히 요즘 뉴트로 트렌드 덕에 로고나 디자인적인 요소들은 오리지널리티를 살리는 케이스가 많습니다. 곰표 맥주, 천마표 팝콘, OO커피, OO샴푸 등 다양한 이종 간의 콜라보레이션으로 올드한 브랜드들이 MZ세대에게 잘 어필하고 있으니까요. 유행은 한 바퀴 돈다고 하던데 정말 레트로 열풍이 여러 브랜드를 살리고 있는 것 같습니다.

버릴 걸 버렸고 지킬 걸 정했으면 이제부터는 온전히 크리에이티브의 영역입니다. 지키기로 한 걸 어떤 컨셉으로 어떻게 전달할지의 문제죠. LG 홀맨의 사례처럼 18년 만에 돌아와 달라진 세상을 배우는 홀맨의 스토리로 캐릭터를 중심으로 한 스토리텔링 콘텐츠로 만들어지기도 하고, 판피린의 사례처럼 판피린 캐릭터에 딱 어울리는 모델(박보영)로 잘 살리는 사례도 있고, 푸르지오나 데시앙의 사례처럼 브랜드 리뉴얼 차원으로 접근하기도 합니다. 부라보콘처럼 "12시에 만나요"라는 키 카피를 살려 느와르풍의 광고를 만들기도 하죠.

브랜드도 사람처럼 나이를 먹습니다. 오랫동안 사랑받았다면 올드한 이미지가 묻어날 수밖에 없고 당연히 세대 차이가 생기게 됩니다. 장수 브랜드들의 고민도 세대 차이의 갭 때문에 시작되죠. "우리 브랜드가 너무 나이 들어서 젊은 사람들이 좋아해주지 않으면 어쩌나" 하는 고민인데 앞서 말한 다양한 콜라보레이션 사례처럼 잘만 접근한다면 오히려 그 세대의 갭을 본딩해주는 좋은 사례로 남기도 합니다. 또 올드하다고 멋지지 않은 건 아닙니다. (세상의 장수 브랜드들 모두 파이팅입니다.) 오랫동안 사랑받은 데는 다 이유가 있는 법이니까요.

혹시 모델 해볼 생각 없어요?

광고 쪽 일 중에서도 조금 유니크한 직업들이 있습니다. 부분 모델인데요, 손 모델, 발 모델 뭐 그런 겁니다. 이런 쪽의 특별한 직업은 도대체 어떻게 시작하게 되었나 봤더니 대부분 우연히 시작하게 되더라고요. 손 모델로 나름 유명한 분이 있는데 그분은 원래 제일기획 인포데스크 직원이었답니다. 모 프로덕션 PD님이 방문 신청을 하다가 우연히 손을 보고선 제안한 거죠. "혹시 손 모델 해

보실 생각 있으세요?" 소문에 의하면 노총각이었던 PD님의 흑심이었다는 설이 있긴 하지만 뭐 진실은 본인만이…

여하튼 그분은 그렇게 아르바이트 삼아서 한 번 출연을 하고선 전업 모델로 진로를 바꾸셨답니다. 그 후 국내 유명한 화장품부터 전자제품까지 국내 탑3 안에 드는 손 모델이 되었죠. 사람의 인생은 이렇게 우연한 기회로 바뀌기도 하나 봅니다.

더블 캐스팅

아이나 동물(개나 고양이 등)이 출연하는 촬영의 경우엔 더블 캐스팅을 합니다. 비슷한 연령대의 모델 두 명을 캐스팅하는 거죠. 컨트롤이 안 되거나 급격히 컨디션이 안 좋아지는 경우가 많아서 만약을 대비하는 겁니다. 시간이 많을 땐 두 팀 모두 찍어보고 판단하는 경우도 있는데 첫 번째 팀에 문제가 없는 이상 두 번째 팀에는 기회가 오지 않은 채 촬영이 끝나는 경우가 많습니다.

물론 촬영을 안 하고 기다리다가 그냥 가더라도 출연료는 계약대로 지급됩니다. 본인도 더블 캐스팅임을 인지하고 촬영장에 오는 겁니다만, 기다리기만 하다 돌아가는 모습을 보면 마음이 영 편하지 않습니다. 특히 아역 배

우들의 경우가 그렇죠. 헤어 메이크업도 멋지게 하고, 예쁜 옷을 입고 하루 종일 기다렸는데, 정작 촬영을 못 하고 엄마 손 잡고 돌아가는 뒷모습을 보면 안쓰럽고 미안하고 그렇습니다. 동물의 경우는 반대로 연기시킨 친구한테 왠지 미안한 마음이…

광고 촬영은 대기시간이 깁니다. 아이들이 나오는 촬영 땐 더하죠. 아무래도 성인 연기자처럼 OK컷이 빨리 나오기도 힘들고 집중도도 떨어지니 말이죠. 5시간 넘게 기다렸다가 5분 찍고 가는 경우도 허다합니다. 그 긴 시간 동안 기다리는 마음은 또 어떨지… 열심히 촬영했고 나름 잘 나온 것 같은데 편집 때 뒷모습만 나온다든가 통째로 편집되는 경우엔 또 얼마나 속이 상할지…

아역 모델들의 경우엔 스텝들이 촬영장에서 과자도 나눠주고 말도 걸고 하면서 놀아줄 때가 많은데, 요녀석들이 또 얼마나 싹싹한지 말이죠. "삼촌 저 예쁘게 나오게 찍어주세요~"

취향의 문제

"저기… 남자 주인공 뒤에 걸린 저 친구는 뺍시다."
"앗 왜요? (난 좋은데…)"

"너무, 음… 뭐랄까… 좀… 싫게 생겼어요. (이유 없음)"
"아… 네… 감독님. 빼고 가시죠."

광고는 처음부터 끝까지 취향의 문제입니다. 제작팀 아이디어 회의부터 최종 결정까지 전 과정에 걸쳐 누군가의 (결정권자의) 취향이 반영되는 거죠. "난 이 그림 별론데", "이런 식의 카피 구조는 올드하지 않아요?", "이 음악 완전 너무 좋지 않나요?", "이거 좀 촌스럽지 않아?", "이 스타일이 진짜 힙한 건데요?" 등등 논리적으로는 설명이 안 되는 그 오묘하고 깊은 취향의 세계. 같은 그림을 놓고 누군가는 촌스럽다고 느끼고 누군가는 레트로하고 힙하다고 느끼고. 광고는 정답이 없는 세계입니다.

단언하건데 광고회사에서 일어나는 스트레스의 70프로 이상은 취향의 다름으로 인한 것일 겁니다. 고르고 고른 예쁜 그림과 100번은 고쳐 쓴 카피로 완성해갔는데 돌아오는 피드백이 부정적일 때. 그리고 이게 왜 좋은 건지 설명하려 해도 딱히 논리적인 근거가 없을 때. 비슷한 일들이 반복되면 몰려오는 자괴감. "혹시 내 감각이 촌스럽고 올드한 게 아닐까?" 처음 몇 번이야 "흥, 이런 좋은 걸 못 고르는 당신들이 손해지"라며 정신 승리를 해보지만, 이런 상황이 반복되면 자신감도 떨어지고 여러모로 멘탈 관리가 쉽지 않죠. 그러다가 이런 생각이 듭니다. "이거 너

무 내 취향대로 풀었나?"

　우리가 하는 일. 업종명부터 광고'대행'업입니다. 우리는 내가 좋아하는 광고를 만드는 게 아니라 광고주가 원하는 광고, 소비자가 좋아하는 광고를 만드는 일을 하는 거죠. 마음을 비우고, 광고주가, 소비자가 좋아하는 취향은 무엇인지 찾아내는 게 우리의 일입니다. 기왕이면 만드는 사람 취향에 맞는다면야 감사한 일인 거고요.

　대신 어느 정도 짬이 차기 전까지는 자신의 취향대로 많이 풀어보는 게 좋습니다. 안이 팔리건 안 팔리건 자신의 크리에이티브 취향을 확실하게 만들어놓고, 그 이후에 취향의 폭을 넓혀 나가는 거죠. 그리고 타인의 취향에 대한 피드백을 할 때는 좀 더 배려하는 마음으로 하는 게 좋습니다. '제 취향은 아니지만 일리가 있네요', '요즘은 이런 게 유행이군요!' 정도로 말이죠.

오늘도 저격수가 됩니다. 취향 저격.

스무고개

광고는 스무고개 같다는 생각이 듭니다. 취향을 맞추는 과정이 딱 스무고개 같거든요. 사람은 원래 누구나 자신이 원하는 걸 명확하게 알고 있기가 힘들고, 원하는 게 명확하더라도 그걸 설명하는 스킬이 없으면 전달이 잘 안될 때가 많습니다. 이건 광고주와 대행사 사이에서 발생하는 일이기도 하고 대행사와 프로덕션 사이에 일어나는 일이기도 합니다. 감독과 조감독 사이에서 일어날 수도 있고 CD와 카피 사이에서 일어나기도 하죠.

자신이 원하는 방향을 정확하게 묘사하거나 적절한 예를 들어 설명해야 하는데 이게 영 쉽지 않습니다. 느낌적 느낌으로 얘기하다 보니 나중에 이게 아닌데 하는 상황이 벌어지죠. 그래서 스무고개를 하게 됩니다.

'혹시 원하는 메시지 방향이 이런 방향인가.'
'A라고 했는데 그런 식으로 풀면 타깃이 조금 안 맞지

않은가.'

'그래도 좋다면 이걸 한번 봐달라.'

'생각하시는 아웃풋과 유사한 레퍼런스가 이것 같은데 맞는가.'

질문이 길어지면 설명하는 입장, 발주를 주는 입장에서는 답답해집니다. 척하고 알아들었으면 좋겠는데, 충분한 설명에도 왜 자꾸 물어보는 건지… 설명을 계속 하다 보면 뭔가 꼬이는 것 같고, 내가 잘 설명한 건지 헷갈리고 혼란스러워집니다.

어쩌면 당연한 일입니다. 각각의 입장이 다르고, 취향도 다르고, 자라온 문화와 환경도 다르니까요. 어쩌면 광고를 만들 때 가장 중요한 스킬은 '자신의 생각을 잘 전달하는 방법'인 듯합니다. 광고주가 자신의 생각을 얼마나 잘 정리하고 방향을 잘 잡아서 대행사에 전달하는지, 대행사는 그걸 잘 정리하고 합의해서 프로덕션에 어떻게 전달하는지. 크리에이티브 수건 돌리기 같은 거랄까요.

자신의 생각을 잘 전달하는 방법은, 역시 오래 생각하고 잘 정리하는 거지만, 쭉 지켜보다 보니 다른 사람 얘기를 귀 기울여서 듣는 사람이 훨씬 잘 전달하는 것 같더군요. 내 생각을 정리하는 것도 중요하지만 다른 사람의 생각을 듣고 정리하는 기술이 있어야 합의점에 빨리 도달합니다.

제가 찾아낸, 잘 듣는 사람들의 특징 하나는 펙트체크를 한 번씩 하면서 넘어간다는 것입니다. 설명을 찬찬히 잘 듣고 난 다음에 "말씀하신 톤앤매너는 이러이러한 걸 말하는 거죠? 알겠습니다"라고 한 번씩 체크하면서 정리할 것들을 좁혀가는 거죠. 설명이 길어지면 중간에 살짝 끊고, 정리할 거 정리하고 다음 얘기 듣고. 자신의 생각을 전달하고, 합의점을 찾고. 마지막에 최종 정리를 하는 타입들. 광고주건 감독이건 그런 유의 상대를 만나면 마음이 편안해집니다.

어느 조감독 이야기

모 프로젝트를 하다가 만난 조감독님 이야기입니다. 촬영 준비로 로케이션을 돌다가 차를 같이 타고 오는 일이 생겨서 이런저런 얘기를 나누게 되었는데, 알고 보니 독립영화 감독이시더군요. 광고랑 영화 둘 다 해보니 어떠냐고 물었더니 광고가 더 좋다는 겁니다. 이유는 "광고는 휘발되어 좋다"였습니다.

무슨 소리인가 들어봤더니 '영화는 작업도 재미있고 오롯이 본인 생각을 담아내는 거라 너무 좋긴 한데, 기록이 남는 게 부담된다'였습니다. 한번 만들어놓으면 죽을 때까지 자신을 쫓아다닌다고요. 잘 만들었다면 문제가 없는데 어쩌다 완성도가 떨어지는 걸 한편 만들어놓게 되면 영영 이불킥이 되고 만다며, 그런 의미에서 나름 영화보다 광고가 좋은 것 같다는 얘기를 했습니다. 광고는 상대적으로 기록이 흐릿하다는 거죠. 맞는 얘기입니다. 광고는 히트작만 기억에 남거든요. 물론 역대급 망작이 나오는 경우도 있지만…

영화감독 중에 앨런 스미시라는 가공의 인물이 있습니다. 감독이 본인의 창작물임을 알리고 싶지 않을 때 대신 쓰는 가상의 감독 이름이죠. 사실 광고하는 사람들도 똑같습니다. TVCF라는 광고 아카이빙 사이트가 있습니다. 거기 들어가서 검색해보면 담당했던 스탭들이 전부 나오죠. 담당 대행사, AE, CD, 아트, 카피, 감독 전부 리스트업이 됩니다. 그중 광고를 클릭해 봐도 참여 스탭이 안 나오는 케이스가 있습니다. 높은 확률로 참여했던 본인들이 다 지운 케이스입니다. 뭔가를 창작해내는 사람들 마음은 다 똑같은가 봅니다. 저 역시 지우고 싶은 기억들이…

조감독 실종 사건

제 첫 직업이 방송국 FD여서 그런지 프로덕션 조감독님들을 보면 애정이 갑니다. 말도 한번 걸어보고 싶고, 늙어서 그런가 괜히 기특해 보이고 그렇습니다. 촬영장에서 가장 힘든 일이면서 잠시도 방심하면 안 되는 역할이죠. 가끔 보면 힘든 와중에도 즐거워하며 열심히 일하는 조감독님들이 보이는데 정말 보기 좋습니다. 간혹 같이 일하던 조감독님들이 감독으로 데뷔하는 경우를 볼 때가 종종 있는데 딱히 해드린 건 없지만 아주 뿌듯합니다. 제 일처럼 반갑기도 하고요. 그런데 요즘 아무리 환경이 좋아졌다고 해도 아직 많이 열악한 게 사실인가 봅니다.

프로덕션에 "어? 전에 그 조감독님 어디 갔어요?"라고 물어보면 "담배 사러 간다고 나가서 석 달 째 안 오네요", "예비군 훈련 간 이후로 연락이 없습니다" 등 웃지 못할 얘기들이 많습니다. 아무래도 요즘 같은 시대에 밤낮없는 일을 하다 보니 큰 뜻으로 시작했다가 그만두는 케이스가 많은 것 같습니다. 광고하는 사람으로서 안타깝습니다. 어떤 일이든 최소한 1년 이상은 해봐야 아는데, 이 일 하다가 갈 수 있는 길은 많은데, 너무 일찍 판단하고 포기하는 게 아닌가 싶기도 하고요. 그러다가도 또 여전히 환경이 너무나 열악한 게 아닌가 싶기도 하고, 나도 그만두는 데

한몫 했겠구나 싶기도 합니다.

어쩌다 조감독님들이 하는 인스타 채널을 알게 되었는데 어찌나 반갑던지. 나름 고충도 있고 애환도 있고, 시대도 변하고 환경도 변했지만 제가 음악 방송국 FD 할 때의 느낌과 너무나 비슷해서 뭐랄까 동질감 같은 것도 느껴지더라고요. 다들 재미있게 잘 해나가는 것 같아 마음이 참 좋았습니다.

혹시라도 광고나 영상 쪽에서 일하고 싶은데 대행사나 광고주는 좀 부담된다면 프로덕션 조감독부터 시작해보는 것도 한번 고려해보시길 권합니다. 쉬운 일은 당연히 아닙니다만 어떤 일이든 현장에서 배우는 게 좋을 뿐더러 광고 쪽의 여러 분야를 가장 가까이 접할 수 있는 게 조감독 일이기 때문에 진로를 정하기도 좋습니다. 조감독으로 시작해서 PD로 빠지거나 아트팀으로 가는 경우도 많습니다. 페이도 정확하게 지급되고 나름 페어한 곳입니다. 학벌, 재력보다 말귀 잘 알아듣고 일 잘하는 사람이 인정받습니다.

저 사실 이 브랜드 안 좋아해요

일을 하다 보면 본인이 선호하지 않는, 심지어 싫어하

는 브랜드의 광고를 만들어야 할 때가 있습니다. 잘 모르는 브랜드라면 광고를 준비하면서 배워나가고 애정을 쏟으면 되는데, 싫어하는 브랜드의 광고를 만들어야 한다면 혼란스럽죠. 자신과의 싸움이 시작됩니다.

자! 일단 이 브랜드/제품을 사랑해보자. 좋은 구석이 있는가?
아 그래도 이건 아니지 않나 디자인도 성능도 너무…
어딘가 장점이 있겠지. 오티 브리프를 살펴보자!
아… 후진데?
개인적 취향일 뿐이야.
이걸 좋아하는 사람과 얘기해보자!
보다 보니 더 싫어지는데…

이런 일련의 힘든 과정을 겪습니다. 무척 괴롭죠. 몸을 배배 꼬며 한참을 고생하다가 일정에 쫓기면 또 다른 자아 '생계형 광고인'을 출동시킵니다. 요즘 자동차에 스포츠 모드 있는 거 아시죠? 그것처럼 '금사빠 모드'가 있거든요. 일종의 부캐 같은 거죠. 자기최면을 걸고 긍정적인 마음을 갖고 기존에 가졌던 불편한 마음을 버리고 최선을 다해 브랜드를, 제품을, 서비스를 사랑해봅니다. '메소드 연기' 같은 거죠. 처절합니다만 꾸역꾸역 뭔가 만들어는

냅니다.

　이렇게 단순 취향 문제로 싫은 경우는 또 다른 자아로 해결이 되는데, 서비스나 제품 자체가 뭔가 문제가 있는 경우, 자세히 보니 소비자를 기만하는 것 같은 경우엔 (아주 간혹 가다 있습니다) 정말 문제입니다. 이건 양심의 문제니까요. 저 역시 딱 한 번 그런 경우가 있었습니다. OT를 받고 서비스를 공부하다 보니 뭔가 문제가 있었던 거죠. 불법은 아니지만 소비자를 기만하는 경우였습니다. 이걸 이대로 진행해야 할까, 또 진행한다면 어떻게 만들어야 할까 심각하게 고민하던 중 다행스럽게도 제작이 드롭되었죠. 얼마나 다행스럽던지.

　살다 보면 '알면서 속아주는 거짓말'을 듣게 되거나 하게 될 때가 있습니다. 솔직하게 말하면 구구절절 복잡해지니까 서로 눈치챌 정도의 선에서 은근슬쩍 합의를 보는, 그런 유의 거짓말이죠. "집에 일이 있어서 조금 늦습니다" 이런 유. 심각하지 않은 사소한 거짓말. 저 역시 누군가에게 할 때도 있고, 들을 때도 있습니다.

　광고를 만들 때도 '양심'의 문제는 곳곳에서 발생합니다. 예를 들면 표절에 관한 문제죠. "뭐야 표절은 양심 문제가 아니라 법적인 문제 아닌가?" 하실 텐데 물론 법적인 문제 맞습니다. 그래서 양심이 더 중요해지는 것 같아요. 무슨 얘기냐 하면 표절, 저작권 침해에 대한 부분은 워낙 중요한 부분인지라 법적인 가이드가 있고, 그렇기 때문에 피해 갈 방법도 있거든요. 그래서 더더욱 양심 문제가 되는 겁니다. 안 걸릴 만큼만 베끼자, 걸리면 오마쥬라고 하자 뭐 이렇게 마음먹고 뭘 만든다면 이건 법적인 기

준을 떠나서 양심의 문제가 되는 거니까요.

광고는 좋은 부분을 더 좋게 보이도록 만드는 일이니까 어두운 부분은 얘기 안 해도 되는 거다라고 말하는 사람도 있고, 그래도 최소한 광고인으로서 양심은 있어야 하는 것 아니냐라고 말하는 사람도 있습니다. 개인적으로도 많이 혼란스러운 부분인데, 제가 찾은 최선의 방법은 '최대한 소비자 입장에서 이야기를 하자'입니다. 최소한의 양심을 걸고, 속이는 일만큼은 하지 말자는 기준으로 광고를 만들고 있습니다.

나는 광고를 사랑하는가

2007년 제일기획에 입사하고 한동안 소외감 비슷한 걸 느꼈던 시기가 있었습니다. 나만 좀 다른 사람인 것 같은 느낌이 들었죠. 처음엔 이직에서 오는 낯섦 같은 거겠지 했는데 시간이 지날수록 점점 더 '혹시 이들과 나는 뭔가 종류가 다른 것 아닐까?' '내가 여기 있어도 되나?' '나는 이 직업에 어울리는 사람일까?'라는 이질감이 들었습니다. 본질적인 차이가 있는 것 같았죠.

생각해보니 이유는, 나 빼고 다른 사람들은 광고를 너무나 사랑하는 것 같은 데 있었습니다. 같이 밥 먹을 때도 다들 광고 얘기만 하고, "고등학교 때부터 광고인이 꿈이었다"라든가, "세상을 놀라게 할 광고를 만들고 싶다", "뉴욕에 가서 광고일을 하겠다"라든가 다들 꿈이 원대하고 말 그대로 뼛속까지 광고인이었습니다. 그런데 저는 광고를 그렇게까지 사랑하지는 않았거든요. 아마 거기서 오는 죄책감이 소외감으로 발전된 게 아닐까 싶습니다. 지금도 제 의식 속에는 그때 그들이 제게 보여줬던 그만큼의 애정은 없는 것 같습니다. 물론 광고를 만드는 일이 재미있고 적성에도 잘 맞고, 나름 약간의 재능도 있지 않을까 하는 근거 없는 자신감도 있지만, 그 시절 그분들이 가졌던 그 애정의 농도에는 못 미치는 것 같습니다. 그런데 또 그랬기 때문에 제가 지금까지 광고일을 하고 있는 게 아닐까 싶기도 합니다.

어느 순간쯤엔 그냥 받아들였던 것 같습니다. '아 나는 어쩌면 광고인보다는 그냥 직장인일지도 몰라. 그래도 최소한 부끄럽지 않게는 만들어봐야겠다. 회사를 빛낼 정도로 일은 못해도 남들에게 부끄럽지 않은 정도까지는 만들어보자. 그리고 최소한 같이 일하는 사람들에게 피해주는 일은 하지 말자' 정도로요.

광고는 정말 혼자서는 못하는 일이거든요. 모두가 열심히 달려야 좋은 결과가 나오는 일이고 각자 자기가 책임져야 하는 일이다 보니 같은 일을 하는 사람으로의 최소한의 양심이랄까, 뭐 그런 쪽으로는 나름 열심히 했던 것 같습니다. 그렇게 묵묵하게 일하다 보니 어느 정도 광고인으로서의 직업의식 혹은 광고를 만드는 사람에 대한 애정 같은 게 조금은 생긴 것 같기도 합니다.

위기의 토요일

광고를 만드는 사람들은 스케줄 관리가 중요합니다. 날씨 문제나 여러 가지 이슈로 스케줄이 바뀌는 경우도 워낙 많고, 대부분 서너 가지 프로젝트를 같이 진행하는 데다 일 자체의 스케줄이 무척 촘촘하게 되어 있어 잠깐 방심하면 낭패를 보기 쉽습니다. 운전 중에 바뀐 스케줄을 들었는데 스케줄러에 입력을 깜빡 하는 경우, 그래서 더블 부킹이 되거나 잊어버렸다면 문제가 커집니다. 한두 명 만나는 게 아닌 경우가 많으니 더하죠. 그런데 일은 그렇다 쳐도 가족 간의 대소사나 기념일 같은 경우를 까먹을 때가 제일 문제입니다. 돌이킬 수 없어요.

앞선 페이지의 그림은 모 프로덕션 PD님의 실화입니다. 조금 각색을 해봤습니다.

232

이 정도면 충분해

저는 무언가를 소비할 때 나름대로의 가이드라인을 고려합니다. '이 정도면 충분한가?'이죠. 예를 들어 노트북을 구매한다고 했을 때 "성능은 이 정도면 내가 쓰기에 충분한가"를 기준으로 판단합니다. 내가 쓰기에 너무 과한 성능도 싫고, 모자라면 당연히 안 되고, '적당하다'보다 약간 더 나은 느낌이랄까? 그런 식의 나름대로의 '충분함'에 대한 기준이 있습니다. 너무 과하지 않고 부족하지도 않은 약간 괜찮은 디자인, 가격도 너무 저렴하지 않고 딱 적당한 정도, 그렇게 나름대로의 기준을 가지고 옷이나 전자제품, 여러 물건들을 구매합니다. (사람을 만날 때도 감정이나 리액션이 너무 과하거나 부족하면 전 힘들더라고요.)

그런데 이 기준은 광고를 만드는 사람으로서는 버려야 할 가이드라인입니다. 다 됐다 싶어도 조금 더 좋은 그림을 찾아봐야 하고, 조금 더 나은 카피를 고민해야 하고, 조금 더 잘하는 스탭들을 수소문해야 합니다. '이 정도면 충분하군'에서 멈추지 않고 더 끌로 파고 고민하고 괴로워하면서 만드는 자세가 광고업계의 미덕이죠.

처음 광고일을 할 때 가장 힘들었던 부분도 '뭘 더 고민해야 하나'였습니다, 내가 보기엔 이 정도면 광고주한테 가도 충분해 보이는데 완성도가 떨어진다고 더 고민해보라고 하니. 여기서 어떻게 더 손을 대야 하나 싶어 당황했었죠. 그런데 돌이켜보면 '뭘 더 해야 하는지 몰라도 어찌됐던 고민해보기'가 실력을 향상시키기에 나름 괜찮은 트레이닝이었던 것 같습니다.

전현직자 Q&A 8편

샘파트너스 부대표 김지훈

샘파트너스의 김지훈 부대표님은 개인적으로 제가 도움을 많이 받은 분입니다. 맥가이버 칼 같은 분이죠. 뭔가 좀 어렵거나 신기한 일을 해야 할 때마다 다양한 방법으로 도움을 주시는 분입니다. '그런 아이디어는 이런 기술로 구현하면 됩니다', '그런 거라면 이 사람을 만나보시죠', '그렇게는 되는데 비용과 시간이 많이 들어요' 등의 대답을 해주시는 분입니다. 제 입장에서는 뭐랄까 테크니션 서포트를 담당하는 분이죠. 워낙 다양한 일을 하시는 분이라 본인도 본인의 본업이 무엇인지 잘 모르시는 것 같기도 합니다만, 한번 인터뷰를 통해 알아보겠습니다.

Q1: 간단한 회사 소개를 부탁드립니다. 샘파트너스는 어떤 일을 하는 곳이고 어떻게 일을 시작했고, 요즘은 무슨 일을 하고 계시나요?

A1: 안녕하세요, 브랜드를 주제로 다양한 경험을 만드는 김지훈이라고 합니다. 2004년에 샘파트너스를 지금 대표님과 공동으로 창업하여

18년 동안 50여 명의 동료가 근무하는 회사를 운영하고 있습니다. 저희를 한마디로 정의하기는 쉽지 않습니다. 가족들도 잘 이해를 못해요. 보통의 대기업 클라이언트들은 브랜드 전략과 네이밍, 로고 디자인을 주로 하는 브랜드 컨설팅 회사로 아시는 경우가 많고, 모험심이 가득한 클라이언트들은 새로운 도전, 디지털 경험, 공간 경험 등 사람들에게 브랜드의 좋은 경험을 주기 위한 다양한 해결사로서의 역할론을 부여하기도 합니다.

최근 진행하는 프로젝트들을 들어보시면 이해가 되실 것 같은데요. 오랜 역사의 대기업 CI를 바꾸는 프로젝트도 하고 있고, 철강회사가 농업 회사로 진화하는 전체적인 브랜드 플래닝을 맡고 있기도 합니다. 또 대형 통신사 매장의 획기적인 변화를 위한 창의적 시도를 돕기도 하고요. 저도 제가 뭘 하는 사람이다라고 딱 정의 내리기는 어려워서 자칭 '문제 해결을 도와주는 사람'이라고 생각하고 있습니다.

Q2: 어떻게 이런 일을 하게 되었고, 전공은 무엇인가요?

A2: 정말 어쩌다 보니 이 일을 20년 넘게 하고 있네요. 하는 일은 디자인이나 경영학에 가까운 일들이 많은데 학부에서는 아이러니하게도 전기공학을 전공했습니다. 공대생이 너무 싫어서 마음으로 동경하는 미대에서 몇몇 디자인 수업을 도강하게 되었고, 뉴욕으로 무작정 유학을 떠나려다가 IMF가 시작되어 정작 뉴욕은 가지도 못했습니다. 일단 해보자라는 심정으로 학부 졸업 후 혼자 디자인과 브랜드 관련 입문 서적을 독학으로 공부하면서 일을 시작했고, 운 좋게도 브랜드 디자인을 전문으로 하는 작은 회사를 차릴 수 있게 되어 현재까지 오게 되었습니다. 예전에는 뭔가 '비정규 디자이너' 같은 느낌이 들어서 학교 이야기만 나오면 주눅 들곤 했는데, 시간이 20여 년 지나 보니 오히려 이런 서사와 배경이 저에게는 많은 도움이 된 것 같습니다. 디자이너와 공대생, 개인적인 콤플렉스가 뒤섞여서 묘한 캐릭터가 만들어진 것 같기도 합니다.

Q3: 좀 뻔한 질문이긴 한데 브랜드 크리에이티브 컨설턴트라는 일의 정의와 범위는 무엇일까요?

A3: 위에서 설명드렸듯이 일의 정의와 범위를 말하기는 쉽지 않은데요, 물론 이건 제 생각이기는 합니다. 비슷한 일을 하시는 분들은 '브랜드 컨설턴트' 또는 '브랜딩 디렉터'라는 말을 많이 하는데, 저는 이런 좁은 범위로 제 일을 바라보지 않습니다. 브랜드의 초기 기획과 론칭을 담당하기도 하고, 오래되거나 문제가 생긴 브랜드를 치료하기도 하죠. 이에 따른 고객 경험이 디테일이 필요한 경우 다양한 접점에 활력을 불어넣기도 해서 좁은 범위로 말하기가 좀 어렵기도 하고요. 후배들은 뭐 그런 것도 다 하냐고 할 수 있지만 '돈 주면 다합니다'는 아니고 '하고 싶은 일은 다 합니다'로 보시는 것이 좋겠습니다. 스스로와 동료들의 능력치에 성급히 제한을 두는 편은 아니에요.

Q4: 거의 종합 대행사만큼이나 수많은 클라이언트와 다양한 일을 하시는 것 같아요. 도대체 어떻게 그런 많은 클라이언트와 연결되었는지 궁금합니다.

A4: 창업 이후 한 프로젝트 개수로는 500개가

넘고, 대한민국의 모든 대기업과는 다 일해본 것 같습니다. 엔터테인먼트사, 스타트업이나 광고대행사, 지자체, 중국 기업과 진행한 사례도 많아요. 믿기 어려우시겠지만 저희는 사전 영업을 하지 않습니다. 골프도 못 치고, 영업적인 술자리도 하지 않습니다. 태생적으로 자랑질 DNA가 없어서 개인적으로나 회사 업무적으로나 소셜미디어도 잘 못하는데 이게 오히려 약간 신비주의가 된 것 같기도 해요. 시간이 지나고 보니 결국에는 프로젝트에 최선을 다해서 그 노력을 인정받고, 그 좋은 경험이 좋은 평판으로 연결되는 것이라고 믿고 있습니다. 국내 업계가 생각보다 정말 좁거든요.

Q5: 샘파트너스에선 직접적인 브랜드 론칭도 꽤 여럿 하신 걸로 알고 있습니다. 우산을 만들기도 하고 밀키트, 펫 용품, 작업복부터 최근엔 막걸리까지 다양하더라고요. 담당하는 클라이언트와 같이 하시는 경우도 있고 독자적으로 진행하시는 경우도 있던데, 그 추진력은 도대체 어디서 나오는 건가요? 또 아이템들은 어떤 과정을 통해 정해지는지도 궁금합니다.

A5: 많이 망하기도 했습니다. 사이드 프로젝트로 회사에서 공식적으로 하거나, 개인적으로 하기도 하는데 이제껏 제대로 성공한 것은 없습니다. 아마도 잘 만드는 것과 잘 파는 것은 다른 문제이기도 하고, 제가 본업에 충실하느라 신경을 덜 쓰는 부분도 있는 것 같아서 많이 반성하고 있습니다. 일본식 선술집, 토스트 프랜차이즈, 우산, 밀키트, 펫용품, 세차 용품, 여행용품, 손 소독제 등 많이 해봤고 최근에는 제가 좋아하는 막걸리를 시작했습니다. 클라이언트들과 일하면서 알게 모르게 쌓이는 스트레스를 이런 사이드 프로젝트로 푼다고 봐야죠. 사람들을 관찰하다 보면 뭔가 보일 때가 있는데 이런 순간을 제품과 브랜드로 담는 것을 좋아합니다. 앞으로는 정말 성공하는 아이템을 꼭 하나 만들어 보려고 합니다.

Q6: AI 이야기를 안 할 수가 없군요. 대행사 입장에서는 인공지능의 카피나 이미지 생성 능력에 감탄하는 중입니다. (걱정도 같이 하는 중) 대행사가 하는 일도 앞으로 많이 바뀔 것 같은데 브랜드 아이덴티티를 담당하는 본업의 입장에서

요즘 어떤 생각이 드시나요? 향후 5년 안에 이런 일이 일어날 것 같다, 뭐 그런 예상되는 시나리오가 있나요?

A6: AI 이야기를 요즘 정말 많이 합니다. 특히나, 챗GPT의 언어 습득이 탁월하다 보니 컨셉이나 브랜드의 언어적인 부분에서 엄청난 충격과 걱정이 밀려오기도 했습니다. 아마도 조만간 비주얼 영역에서도 한 축이 될 것 같기도 하고요. 다만, 주어진 환경에서 정보를 조합하는 것과 완전히 새로운 크리에이티브를 만드는 것은 다른 차원의 이야기이기도 해서 당장의 문제가 되지는 않겠지만 시간이 지날수록 분명히 업계에는 큰 고심거리가 될 것으로 생각합니다. 경험이 적은 동료들에게는 입버릇처럼 '창조하는 디렉터'가 되어야지, '조합하는 오퍼레이터'가 되는 순간 AI에게 잡아 먹힌다고 경고하고 있습니다.

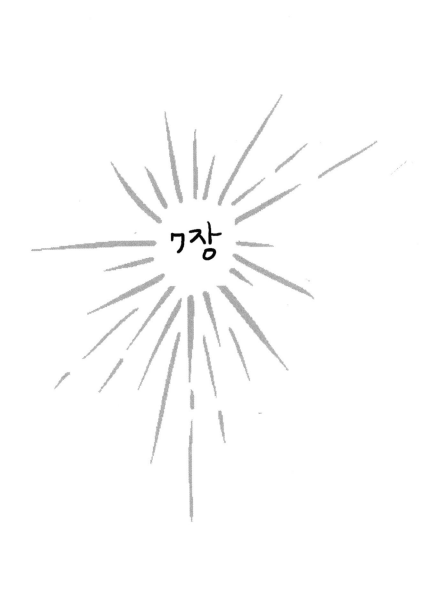
7장

오늘도
무사히

CD가 되고 난 후

2015년도에 팀장이 되었습니다. 아트디렉터에서 크리에이티브 디렉터라는 타이틀이 생겼죠. 지금 다시 생각해봐도 운이 정말 좋았다고 생각합니다. 9년 정도 다른 일들을 하다 광고회사로 이직해온 터라 적응도 어렵고 여러모로 힘들었는데 좋은 동료와 선후배들을 만난 덕에 얻은 타이틀이라고 생각합니다.

제작팀에서 팀장이 되면 여러 가지가 달라집니다. 팀 이름부터 임태진 CD팀이라고 본인의 이름이 붙죠. 또 당연하지만 팀원이 생기고, 담당하는 광고주가 생깁니다. 담당하는 브랜드의 광고 커뮤니케이션을 잘 해야 하고, 회사 내에서도 AE 등 다른 부서와 관계를 잘 만들어야 하죠. 프로덕션 등 같이 일하는 협력사와의 커뮤니케이션도 중요합니다.

한 팀의 팀장이 된다는 게 쉬운 일은 절대 아닌 것 같습니다. 가장 처음 오는 '현타'는 모든 '결정'을 혼자 해야한다는 것입니다. 광고주에게 들어갈 안을 고르는 것부터 카피를 정하고 그림을 고르는 것, 제안할 모델을 고르는일 모두 판단만 하면 괜찮은데 그 판단에 대한 책임도 필요합니다. 상과 벌이 세트인 것처럼 판단과 책임도 세트입니다. 여러분도 주변에 팀장이 된 지 얼마 안 된 사람들이 좀 헤매고 우왕좌왕 하더라도 이해해주세요. 나름 최선을 다하고 있는 걸 거예요.

그 밖에도 괴로운 요소들이 마흔 다섯 개쯤 있지만 개인적으로 가장 힘든 팀장의 업무는 연말에 있는 고과입니다. 고과를 받는 입장에서 고과를 주는 입장이 되니 참 힘듭니다. 과연 내가 누군가를 평가할 자격이 있는 것인가 하는 의문부터 회사가 정해놓은 고과 시스템은 공정한 걸까 하는 의문까지 머릿속이 복잡해집니다.

다 같이 머리를 맞대고 만드는 일이다 보니 누군 잘하고 못하고의 기준을 잡기가 어렵습니다. 아이디어 팔린 숫자로, 온에어 된 숫자로 판단할 수는 없고, 고생한 순서대로 하자니 그것도 애매하죠. 모두 같이 각자 맡은 일을 했는데 잘한 순서를 정하라니… 미친 척하고 "올해 우리 팀 팀원들은 전부 EX(최고등급)입니다!"라고 할 수도 없고 말이죠. 다년간 마음 고생해온 결과 고과는 1년 내내 꾸준히 관찰하고 최대한 공평하게 정리하고 왜 이런 판단을 하게 되었는지 최대한 잘 설명하는 방법밖에 없는 것 같습니다.

개인적으로 겨울을 좋아했습니다. 어릴 적부터 별다른 이벤트가 없어도 연말이 되면 늘 들떠 있었죠. 크리스마스 즈음의 분위기도 너무 좋고 밖은 추운데 뜨끈한 이불 속에 들어가서 음악 듣고 책 보는 것도 좋고, 겨울엔 커피도 더 맛있는 것 같고… 여러모로 참 좋아했는데 팀장이 되고 나서부터는 고과 시즌 덕에 연말이 싫어졌습니다.

주는 자도 상처받고
받는 자도 상처받는
잔인한 계절

게다가 연말엔 고과 말고도 각종 애뉴얼 PT가 있거든요. 대부분 경쟁PT인 바람에 더더욱 연말이 싫어집니다.

PT를 따오게 되면 팀장 입장에선 매우 따뜻한 연말이 될 테고 떨어지게 되면 꽤 쌀쌀한 연말을 맞게 됩니다. 뭐 경쟁 없는 사회생활 없고 성장할 수 있는 좋은 기회가 되는 건 사실이지만 괴로운 시간임은 분명합니다.

겨울의 촬영장은 언제나 춥다

당연한 얘기겠지만 겨울의 촬영장은 어김없이 춥습니다. 로케이션 촬영이든 세트 촬영이든 관계없이 무조건 춥죠. 그래서 준비를 철저하게 해야 합니다. 경험했던 가장 추웠던 촬영은 모 통신사 광고를 찍으러 12월에 갔던 평창입니다. 정말 어마어마하게 춥더군요. 기온은 둘째 치

고 칼바람이 매서웠습니다. 산 꼭대기에 있는 서너 가구 정도 사는 시골마을에서 완전무장을 하고 야외 모니터링을 하던 중이었습니다. 웬 동네 할머니 한 분이 털실로 짠 가디건과 아주 얇은 몸빼 바지 하나 입으시고 저희랑 같이 모니터를 보시더라는… 이것이 K-할머니의 위엄인가…

겨울 촬영은 춥습니다.

①

야외 촬영이건 셋트 촬영이건 무조건 춥죠. 촬영이 잡혔다면 준비를 철저히 해야합니다. 패션이고 나발이고 없습니다.

→ 털모자 (촌스러울수록 따뜻하다)
← 몸도리 홀드 귀마개
→ 장갑은 얇은거 두꺼운거 두켤레
내복도 필수
→ 야외촬영 이라면 방한부츠는 꼭 챙겨야 합니다.

②

촬영장에서도 핫팩등 다양한 방한용품을 준비해 주시는데

붙이는 핫팩
기본형 신발용 핫팩

겨울엔 역시 난로가 최곱니다.

선풍기처럼 생긴것도 있고

이렇게 큰 녀석도 있지요.

③

크크… 어디서 타는 냄새가…

난로는 여러모로 조심하셔야 합니다. 까딱하면 옷이나 신발을 태워 먹을수 있거든요. 어떻게 아냐구요? 저도 알고싶지 않았습니다.

④

난로를 자세히 보면 뜨거운 공기를 위로 보내주는 송풍구가 달려 있는데요.

⑤

그 송풍구에다가 촬영장 간식으로 나오는 귤을 구워 먹으면 참 맛있답니다.

센스 있게 쫀드기를 준비해 주시는 경우도 있는데 그야말로 '대존맛'이죠. 근데, 간혹 캔커피를 데워드시는 분들이 계시던데 조심하시는게 좋습니다.

⑥

캔커피가 과열 돼서 터지면 위험 하기도 하지만 정말 폭탄 터지는 엄청난 소리가 나거든요. 어떻게 아냐구요? 저도 알고싶지 않았습니다.

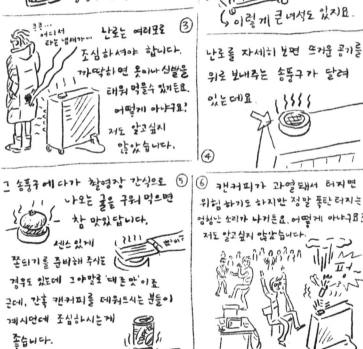

이야기가 나온 김에 연말 얘기를 하나 더 해보자면 제작 본부에는 늦가을쯤부터 사랑의 작대기 시즌이 시작됩니다. 팀장과 팀원을 새로 매칭하는 조직 개편을 앞두고 벌어지는 물밑 작업 시즌이죠. 제작 본부는 AE나 미디어 등 다른 조직보다 팀 구성의 변화가 훨씬 많습니다. 크리에이티브를 하는 팀이다 보니 더 변화가 많이 필요한 거겠죠.

새로운 1년의 워라밸이 달려 있는 사랑의 작대기 시즌은 제작들에게 중요한 일입니다. 이르면 늦여름쯤부터 슬

슬 구애 활동이 시작됩니다. 눈여겨보았던 아트에게 점심을 같이 하자고 슬쩍 얘기도 해보고, 다양한 루트로 레퍼런스 체크도 해보죠. "너네 팀 어때? 만족스럽니?" "그 카피 누가 쓴 거래?" 등등 각 팀의 프로젝트도 슬쩍슬쩍 살펴보고, 어떤 팀의 워라벨이 좋은지, 팀별 광고주는 어떻게 되는지 몰래몰래 살펴봅니다. 팀장들은 잘하는 선수가 누군지 침을 흘리며 유심히 살펴보죠. 그런 일련의 과정을 통해 모종의 합의가 성립되면 다음 해에 같은 팀이 되어 일합니다. 뭐 크게 신경 안 쓰는 사람도 있지만 워낙 궁합이 잘 맞아야 되는 일이다 보니 그런 일들이 벌어집니다.

그런데 그게 좀 더 복잡해진 게 얼마 전부터 Pool제라는 제도를 하게 된 거죠. 팀에 속하지 않는 아트나 카피들이 있고 프로젝트별로 인벌브를 합니다. 물론 배정을 해주는 팀이 있긴 하지만 선호하는 아트들은 언제나 인기가 많기 마련이라 구애 아닌 구애를 해야 합니다. "너 나랑

일하나 같이 하자." 여러모로 어려워졌습니다.

개인적으로 팀장과 팀원의 존속 기간은 3년이 맥시멈이라고 봅니다. 3년이 넘으면 아무리 궁합이 좋고 취향이 잘 맞아도 헤어지는 편이 좋습니다. 서로의 스타일을 너무 잘 알게 되면 발전이 없기 때문이죠. 팀원은 팀장의 취향을 너무 잘 알다 보니 매번 팔릴 만한 것까지만 하게 되고 팀장의 입장에서도 "이런 광고는 이 친구가 하나 가져오겠군" 하는 믿는 구석이 생기니 긴장감이 떨어진달까요. 매너리즘 문제죠.

제작하는 입장에서 뭔가 발전이 있으려면 조금 긴장감이 있는 편이 좋습니다. CD의 성향을 몰라야 이런저런 고민을 더 하게 될 테고, 팀장 입장에서도 팀원이 뭘 가져올지 조금 불안해야 더 깊이 있는 고민을 하고 방향도 더 정확하게 주게 되니까요. 광고주도 마찬가지로 2년 정도를 기준으로 계속 다른 광고를 해보는 게 좋은 것 같습니다. (AE의 경우는 조금 다른 것 같긴 합니다. 광고주와 오랫동안 같이 하는 경우가 퍼포먼스가 좋은 것 같더라고요.)

너의 예산은

예산. 제작비. 이게 또 여러모로 광고 만드는 사람들을

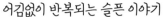

괴롭게 만드는 요소입니다. "아… 제작비 쪼오끔만 더 있으면 딱 좋겠는데." 대행사도 프로덕션도 늘 하는 고민입니다.

보통 이런 얘길 들으면 "아니 마케팅 예산은 처음부터

정하고 준비하는 거 아닌가?"라고 질문들을 하시는데, 맞습니다. 당연히 처음부터 제작비 얼마, 매체비 얼마, 모델비 얼마, 이렇게 가이드를 잡고 일을 시작하지만 이게 또 만들다 보면 꼭 모자라거든요.

시작할 땐 당연히 예산에 맞춰 현실적인 아이디어를 만듭니다. 그러다가 "아, 이거 예산이 조금 넘긴 하는데 이 모델을 쓰면 딱 좋겠다!"가 되고, "음… 기왕 이 모델을 쓸 거면 이렇게 하는 게 좋겠군!"으로 넘어가서 "자! 기왕 여기까지 벌여봤으니 이렇게 해보면 어때?" 뭐 이렇게 되는 거죠. 정말 안 그러고 싶은데 이상하게 꼭 이렇게 진행됩니다.

"아니 또 이러시네. 예산 알고 계시면서…"
"다 이게 좋은 광고 만들려다 보면 말이죠, 아시면서…"
"저는 몰라요. 알아서 예산 안에서 해주세요."

여차저차 우여곡절을 통해 합의된 예산을 살짝 넘는 선에서 정리가 됩니다. 겨우겨우 광고주를 설득하고 프로덕션에 넘어가서 감독님이 트리트먼트를 하다 보면 아니나 다를까 또 같은 일이 반복됩니다.

"기왕 이렇게 하는 거 로케이션 하나만 더 넣으면 좋겠는데?"

"그럼 로케이션이 하나 늘었으니 모델도 한두 명 더 넣어볼까?"

"이건 아무래도 두 편으로 가는 게…"

네 그렇게 되는 겁니다. 제작비 더 받아서 부자 되려고 하는 사람 아무도 없다고 봅니다. 그냥 만드는 일을 하는 사람의 본능 같은 거죠. 앞서 얘기한 '조금 더' 좋은 걸 추구하는 제작의 본능 때문입니다. 다른 뜻은 없습니다. 정말로요.

티 나는 일과 티 나지 않는 일

일을 하다 보면 티 나는 일이 들어올 때도 있고 해도 별로 티 안 나는 일이 들어올 때도 있습니다. 단순히 예산이 많다 적다의 문제라기보다는 사람들에게 많이 노출되는, 이슈가 되는 광고인지 아닌지의 문제 같은데, 나름 두 가지 일을 다 해보다 보니 장단점이 있더군요.

티 나는 일은 다들 관심이 많기 때문에 일단 여러 사람이 관여하게 됩니다. 광고주 측 보고 단계도 많아지고 대행사 내에서도 리뷰가 많아지죠. 그러다 보니 제작팀의 의도대로 만들어내기가 살짝 힘들어집니다. 여러 사람의 취향이 섞인 리뷰를 거치다 보면 넣어야 할 것들이, 빼야 할 것들이 늘어나고 뾰족했던 아이디어가 둥글둥글해지죠. 대신 티 나는 일들은 대부분 예산이 넉넉한 편이라 아이디어를 낼 때 자유도가 높습니다. 모델도 뭐 이미지만 맞으면 풀어보기도 하고 필요하다면 스케일 있게 아이디어를 꾸릴 수 있다는 장점이 있습니다.

티 안 나는 일들은 대부분 예산이 적거나, 반복되는 업무인 경우가 많습니다. 따라서 주변에서 관심을 덜 갖죠. (예산을 기준으로 중요한 일, 아닌 일로 나누지는 않습니다. 평균적으로 그렇다는 얘기입니다.) 여러모로 관심들이 적은 만큼 원래 생각했던 대로 크리에이티브를 가져가기가 쉽습니다. 대신 대부분 예산도 적고 정해진 포맷이 있어서 아이디어를 확장하거나 큰 판을 벌이기가 쉽지 않습니다.

둘 중에 뭐가 좋으냐의 문제는 아닙니다. 가끔은 누군가는 해야 하는데 선뜻 아무도 안 하는 일을 해야 할 때 그 일의 장점을 잘 살려서 내공을 좀 키우는 시간으로 삼고, 그러다 티 나는 일을 받으면 그때 전력으로 달리는 게 좋습니다. 큰 일도 작은 일도 나름대로 장단점이 있으니 왜 나는 티 안 나는 일만 주나, 왜 나는 이렇게 큰 것만 주나, 뭐 이런 생각은 안 하셔도 됩니다. 우리는 직장인이니까 시키는 거 잘하고 큰 욕심 안 부리는 걸로…

하얗게 불태웠어

촬영 당일 어지간한 강심장이 아니고선 누구나 긴장하기 마련입니다. PPM대로 준비는 잘 되었는지 타임 테이블 대로 진행은 잘 되고 있는지, 또 합의된 내용대로 잘 진행되는지 신경 쓸 게 많기 때문인데요. 머릿속에 상상했던 대로 잘 진행되면 다행이지만 촬영장이라는 곳은 늘 변수가 많습니다. 여차저차 문제들을 잘 해결하고 촬영이 끝날 때쯤 되면 녹초가 되기 마련입니다.

개인적으로 가장 피곤한 시간대는 1시 반쯤입니다. 중요한 신의 촬영은 끝나고 소소한 씨즐컷이나 제품컷, 손 클로즈업 같은 신 들만 남은 때죠. 스탭들 모두 텐션이 떨어지고 광고주나 제작진도 마찬가지입니다. 밥차도 떠난 시점이라 그야말로 그로기 상태*가 되곤 합니다.

---

* 권투시합 등에서 상대에게 큰 가격을 당해 정신이 몽롱해지거나 다리가 후들거리는 상태

실력은 계단처럼 는다

살다 보면 이 얘긴 정말 진짜였구나 싶은 글귀들이 있죠. '실력은 계단처럼 는다'는 말이 딱 그렇습니다. 사실이기도 하거니와 사실이어야만 하기 때문이죠.

광고일을 하면서 거대한 벽을 만났던 게 지금까지 세 번 정도 되는 것 같습니다. 첫 번째는 디지털 제작을 하다가 ATL 제작으로 넘어왔을 때였고, 두 번째는 CD가 되자마자 첫 경쟁PT를 받았을 때, 그리고 자세히 말할 순 없지만 최근의 어떤 일까지. 세 번의 좌절은 6년 정도의 텀을 두고 온 듯합니다.

그런 벽을 마주하게 되면 많은 생각이 듭니다. '아, 여기까지인가." 한계를 마주할 때 오는 무력감, 이 벽을 넘는

일이 얼마나 힘들까? 넘다가 떨어지면 어쩌나 하는 두려움. 자존감도 무너지고… 그때마다 되뇌는 거죠. 지금 이건 계단의 끝부분이고 이 일이 끝나면 난 다음 계단에 올라 있을 거야. 그렇게 믿는 거죠. 신념의 문제랄까요. 그런데 그 계단… 끝이 없다는 게 문제죠.

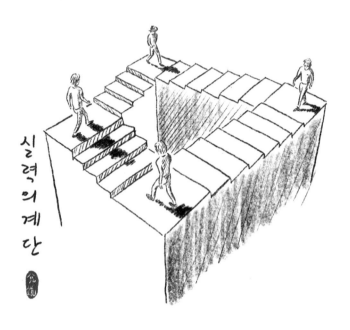

실력의 계단

자연 선택설

빡센 광고 일을 하면서 늘 궁금했던 점이 하나 있습니

다. "왜 2D나 3D 후반 실장님 들은 다 성격이 좋을까?" 며칠 동안 밤샘 작업을 부탁드려도, 다 만들어놓은 걸 뒤집어 놓는 말도 안 되는 짜증 나는 수정사항을 전달드려도 침착하게 다 받아주시고, 곰곰히 생각해보고 절충안을 조용히 내어놓고… 물론 저렇게 웃고 있으셔도 따로 화를 내겠지라는 합리적 의심을 하곤 하지만, 그걸 감안하고 봐도 다들 너무나 온화하신 겁니다. 말투도 조곤조곤 하고 늘 웃고 계시는 분들이 많죠.

혹시 너무 피곤하고 화가 나서 오히려 평정심을 찾은 걸까? 아님 그냥 원래 보살 같은 사람인 걸까? 아니면 뭔가 정신 수련의 과정 같은 이런 종류의 일을 계속하다 보니 저런 온화한 성품이 된 걸까?라고 추측해봤는데, 오랜 시간 관찰해본 결과 그냥 원래부터 성격 좋으신 분이 살아남은 것 같더군요.

자연 선택설 같은 게 아닐까 합니다. 살아남는 자가 강한 게 아니라 강한 자가 살아남는다는 말처럼 '살아남아서 온화해진 게 아니고 온화한 성격의 실장님들만 살아남는' 뭐 그런 게 아닐까 의심해 봅니다.

찰스 다윈. 당신은 어디까지 내다보신 겁니까…

Charles Darwin
1809 - 1882

실장일을 하다보니 성격이 좋아진게 아니라
성격 좋은 실장님만 살아남은 거다.
암튼 그렇다.

콘티 깎던 노인

벌써 4년여 전의 일이다. 아트가 된 지 얼마 안 돼서 사우스 제작 본부에 내려가 있을 때였다. 편집실 왔다 가는 길에, 학동역으로 가기 위해 일단 택시에서 내렸을 때였다. 편집실 골목 맞은편에 콘티 깎는 노인이 있었다. 콘티를 한 벌 꾸려서 만들어달라고 부탁을 했다. 작화료를 굉장히 비싸게 부르는 것 같았다.

"좀 싸게 해줄 수 없나요?"
"15초 콘티 한 편 가지고 에누리 하겠소? 비싸거든 다른데 가슈."

대단히 무뚝뚝한 작가였다. 작화료를 흥정하지도 못하고 잘 만들어나 달라고 부탁했다. 그는 잠자코 열심히 콘티를 다듬고 있었다. 처음에는 빨리 하는 것 같더니 날이 저물도록 늑장이다. 내가 보기에는 그만하면 다 됐는데 자꾸만 더 깎고 있었다.

광고일을 하면서 가장 많이 하게 되는 일은 '기다리는 일'입니다. 아트 세팅이 끝날 때까지 기다려야 하고 모델 메이크업이 끝날 때까지 기다려야 하고, ok컷이 나올 때까지, 밥차에 밥이 준비될 때까지, 비가 갤 때까지, 구름이 걷혀 골든아워가 될 때까지 계속 기다리는 일의 연속이죠.

그 기다리는 시간은 꽤나 괴롭습니다. 처음엔 이해가 안 갑니다. 왜 조명 세팅 바꾸는 데 한 시간이 넘게 걸리는 건지, 의상 교체하러 들어간 사람은 왜 안 나오는지, ok컷 나온 거 같은데 열세 번째 테이크를 가는 감독님… 이해도 안 가고 초조하기도 하고. 기다렸다가 바뀐 걸 보면 또 그렇게 크게 바뀐 것 같지도 않고.

인제 다 됐으니 그냥 달라고 해도 통 못 들은 척 대꾸가 없다. 키노트에 얹을 시간이 빠듯해왔다. 갑갑하고 지루하고 초조할 지경이었다.

"더 깎지 않아도 좋으니 그만 주십시오"라고 했더니,

노인이 화를 버럭 내며, "끓을 만큼 끓어야 밥이 되지, 생쌀이 재촉한다고 밥 되나" 한다. 나도 기가 막혀서, "살 사람이 좋다는데 무얼 더 깎는다는 말이오? 노인장, 외고집이시구먼, 장표에 얹을 시간이 없다니까요."

노인은 퉁명스럽게, "다른 데 가 그리우. 난 안 팔겠소" 하고 내뱉는다. 지금까지 기다리고 있다가 그냥 갈 수도 없고, CD와 약속한 시간은 어차피 틀린 것 같고 해서, 될 대로 되라고 체념할 수밖에 없었다.

"그럼, 마음대로 깎아보시오."
"글쎄, 재촉을 하면 점점 거칠고 늦어진다니까. 콘티라는 게 제대로 만들어야지, 깎다가 놓치면 되나."

광고에서 가장 잘해야 하는 일도 기다리는 일입니다.

느릿느릿
밍기적
밍기적

안절부절
조마조마

263

제작팀이 아이디어를 낼 수 있도록 충분히 시간을 주고, 감독님이 원하는 컷을 찍을 수 있도록 차분하게 기다려주고, 2D 실장님이 실력을 발휘해서 그림을 만들어낼 수 있도록 충분히 믿고 기다려주는 일. 모 CD님께서는 감독에게 충분히 공들여서 설명을 한 후 촬영 때는 모니터도 안 보고 책만 읽으신다는 얘기를 들었는데 그거 참 대단한 구력이구나 싶었습니다.

늦장부린다고 CD에게 욕먹은 나는 불쾌하기 짝이 없었다. "그 따위로 작화를 해가지고 장사가 될 턱이 없다. 손님 본위가 아니고 제 본위다. 그래 가지고 값만 되게 비싸게 부른다. 상도덕도 모르고 불친절하고 무뚝뚝한 노인이다" 생각할수록 화증이 났다. 그러다가 뒤를 돌아다 보니 노인은 태연히 허리를 펴고 유튜브나 둘러보고 있다. 그때, 그 바라보고 있는 옆 모습이 어딘지 모르게 작가다워 보이고, 부드러운 눈매와 흰 수염에 내 마음은 약간 누그러졌다. 노인에 대한 멸시와 증오도 감쇄된 셈이다.

사무실에 와서 콘티를 내놨더니, CD는 이쁘다고 야단이다. 전에 했던 것보다 참 좋다는 것이다. 그러나 나는 전의 것과 별로 다른 것 같지 않았다. 그런데 CD의 설명을 들어 보니, 콘티가 너무 과하면 아이디어가 약해 보이고 콘티가 너무 가벼우면 없어 보이기 쉽단다. 요렇게 꼭 알

264

맞은 것은 좀처럼 만나기가 어렵다는 것이다. 나는 비로소 마음이 확 풀렸다. 그리고 그 노인에 대한 내 태도를 뉘우쳤다. 참으로 미안했다.

결국은 믿고 기다려주는 일밖에 할 수 있는 게 없습니

다. 대신 자신이 원하는 게 무엇인지를 충실하게 잘 설명해야죠. 그러고 나서 잘하시리라 믿고 묵묵하게 기다려주는 겁니다. 그 기다리는 시간들이 쌓이고 쌓여 광고 하나가 완성됩니다.

어쩌다 꼰대

정신 차려보니 40대 중반을 넘어 반백살을 향해 뚜벅뚜벅 걸어가고 있습니다. '꼰대' 세대, '틀딱' 카테고리에 들어와 버린 거죠. 망했습니다. 나도 한때 X세대였는데…

나이 따위는 의식하지 말자고 늘 다짐하지만 어쩔 수 없이 실감할 때가 있습니다. 육체적으로 달라졌을 때 한 차례 실감을 하고 (노안! 무릎 통증! 시력 감퇴!) 나름 트랜디하다고 생각했는데 이걸 왜 좋아하는지 정말 하나도 이해가 안 가는 것들을 볼 때 또 한 번 옵니다. 대강 눈치로 때려 맞췄는데 이제 정말 무슨 뜻인지 감도 안 오는 신조어들을 마주하다 보면 '아, 이제 진짜 나이가…'

광고 제작은 여러 세대가 모여서 같이 합니다. 저희 팀 막내가 제가 고등학교 졸업한 해에 태어났으니 나이 차이가 거의 20년 정도 됩니다. 그런 친구들과 같이 모여서 아이데이션을 하는 거죠. CD는 40대 중반, 아트, 카피 셀장은 30대 중후반, 팀원은 보통 30대 초반, 막내는 20대 후반. 이렇게 다양한 세대가 한 팀으로 섞여서 서로의 아이디어를 보고 듣고 발전시켜 나가면서 광고를 만듭니다. 자신의 생각을 말하다 보면 자연스럽게 시대적인 이슈나 트랜드에 대해서 얘기하게 되죠. 요즘 30대는 이런 걸 좋아하는구나, 요즘 수능은 이렇게 진행되는구나, 중년의 로

망은 저런 거구나 뭐 이러면서 서로 몰랐던 것들을 알게 됩니다. 덕분에 광고를 하는 사람들은 자신의 위아래 세대에 대한 이해도가 상대적으로 높은 편입니다.

꼰대니 아재니 세대를 가르는 키워드들이 난무하는 요즘 광고라는 직업 덕분에 (꼰대긴 하지만) 아주아주 조금은 유연한 생각을 갖게 되어 다행이라고 늘 생각합니다. (라고 자기최면을 걸어 봅니다.)

카피를 AI가 쓴다고?

콧방귀가 나오더군요. 진짜 불가능할 줄 알았습니다. 컴퓨터가 카피를 쓰다니. 그런데 그것이 실제로 일어났습니다. 블록체인과 메타버스 그리고 NFT. 사실 여기까지는 광고를 제작하는 과정에 영향을 주지 않는 기술이라 슬슬 뭔지 알 정도만 훑어보고 있었는데, AI부터는 좀 다르더군요. 특히 챗GPT 이 녀석은 좀 다릅니다. 진짜 카피 비슷한 걸 쓸 줄 압니다. 그 수준이 "카피를 쓸 줄 아네" 정도가 아니라 솔직히 말해 신입사원보다 잘 씁니다. 허허.

"얘들아 챗GPT라는 거 한번 해보자. 이게 카피를 쓴대."

한참 챗GPT가 핫할 때 기왕 일하는 김에 팀원들과 모여서 일을 한번 시켜봤습니다. 경악을 금치 못했죠. 키워드를 뽑아내는 능력도 괜찮고 구체적으로 카피도 무난하게 썼습니다. 소름이 돋더군요. 10년, 아니 5년만 지나면 이놈이 다 쓰겠는데? 게다가 속도도 빠릅니다. 질문할수록 더 똑똑해지기도 하고요.

"애들아 짐 싸자. 이제 우린 끝난 거 같아."
"지금 카피 신입을 뽑는 게 맞을까요?"
"CD님들은 이런 게 있는 줄 몰랐으면 좋겠네요. ㅎㅎ"
"근데 어쩌냐 이미 알아버렸는데."

이런저런 얘기를 하다 보니 점점 비관적으로 흘러가더군요.

"우린 이제 어쩌지?"

이후로 며칠 곰곰이 생각도 해보고 AI 언어 모델이라는 것의 어떤 원리로 이렇게 되는지 공부를 좀 해봤더니 딱히 두려워할 일만은 아닌 것 같더군요. 긍정적으로 보면 이건 그냥 아주 효율적이고 유용한 프로그램입니다. 포토샵 같은 거죠. AI 언어 모델의 작동원리를 단순하게 정의하면 '언어가 가진 벡터 값을 찾는' 것이랍니다. 방대한 데이터들을 기반으로 각각의 단어가 의미하는 것들을 모종의 수치로 환산하고, 단어와 단어의 자연스러운 연결 값을 노드(인간으로 치면 뉴런)들이 찾아내는 거죠. 어찌 보면 카피라이터들이 하는 일과 같은 겁니다. 다양한 작품이나 문학을 통해 쌓아온 지식을 바탕으로 뻔하지 않은 신선한, 좀 더 생경한 표현을 찾는 것. 카피라이터가 하는 일과 AI 언어 모델의 구조는 같습니다. 단지 사람보다 더 빨리 잘 찾는 거죠. 사용하지 않을 이유가 없습니다.

다시 짚어보자면, 광고를 제작할 때 요구되는 중요한 두 가지 중 첫 번째가 '아이데이션 능력'입니다. 남들이 생각하지 못하는 아이디어를 내놓는 것. 그런 생각하는 힘을 키우는 일이 광고 제작자가 키워야 할 중요한 역량 중 하나죠. 그리고 두 번째 중요한 능력은 '아이디어를 파는 능력'입니다. 고민해서 만들어낸 아이디어를 잘 다듬어서 광고주에게 팔고, 팔린 아이디어를 잘 만들어서 소비자에게 전달되도록 만드는 게 광고인들이 하는 일이니까요. AI로 인해 그 두 가지 중요한 역량 중 첫 번째에 대한 부담이 줄어든 겁니다.

AI 시대에 필요한 광고인

'오히려 좋아. 하지만…'

물론, 좋아할 일만은 아닙니다. 어쩌면 더 어려워진 걸지도 모릅니다. 미술계에 '아트 딜러'라고 불리우는 직업이 있습니다. 한자어로 화상(畵商), 미술상이라고 하죠. 말그대로 그림을 사고 파는 사람을 말합니다. 단순히 그림을 사고 파는 장사꾼이 아닙니다. 그림의 가치를 이해하고 미술의 역사를 알고, 고객을 설득하고 등등 수많은 일을 하죠. 하고 싶다고 아무나 될 수도 없습니다. 미술학이나 미학 석사 자격 정도는 기본이고, 시장에 대한 트렌드와 미술계의 역사 지식, 신인 아티스트를 발굴하는 능력까지 필요합니다. 어떤 것의 가치를 정하기 위해선 그만큼 많이 알고 있어야 하는 거죠. 우리도 이제 '그림을 그리는 일(아이디어를 내는 일)' 역할에서 '아트 딜러(아이디어를 파는 일)'의 역할로 집중해야 하는 시점이 되었는지도 모릅니다.

광고회사 제작의 경우 대리부터 차장 연차 정도 되기 전 5~7년까지는 아이디어를 만드는 역량을 키우는 데 집중합니다. 셀장이 되고 CD가 되면서부터는 아이디어를 파는 역량에 집중하죠. 앞으로는 좀 달라져야 할 것 같습니다. 저연차 때는 좋은 아이디어를 '고르는' 역량을 키우고, 연차가 차면 아이디어를 '파는' 역량을 키우는 쪽으로 전환해야 할 것 같습니다.

물론 AI가 광고인의 자리를 위협하는 요소가 되는 건 맞습니다. 카피뿐 아니라 미드저니 같은 그림을 만들어주는 AI들을 봐도 지금은 좀 어색하지만 5년 정도 지나면 간단한 작업쯤은 대행사 없이 뚝딱 뚝딱 만들어낼 것 같습니다. 위협이 되는 건 틀림없지만 또 우리만 할 수 있는 뭔가를 찾아내야죠. 인간은 분명 그 어려운 걸 해낼 겁니다.

SF소설가 빅3 중 한 분인 아서 C. 클라크가 그런 말을 했다죠. "충분히 발달한 기술은 마법과 구별할 수 없다." 충분히 발달한 AI가 쓴 카피는 카피라이터의 카피와 구별할 수 없지만, 그걸 파는 건 (아직은) 사람이 더 잘하니 너무 걱정하지는 말자. 뭐 그런 생각입니다.

퇴사하는 동료를 보면서

같이 일하던 동료가 퇴사하는 경우 많은 생각이 듭니다. 그 동료와의 친밀도가 높을수록, 연차가 비슷할수록 더하죠. 멀어진다는 점도 그렇지만 왠지 나만 뒤처지는 것 같은 위기감도 들고 복잡한 마음이 듭니다.

대충 5~6년 차 즈음에 이직을 많이 합니다. 동기 누구는 어디 가서 팀장 달았다더라. 누구는 연봉을 두 배나 올려서 이직했다더라. 뒤숭숭하죠. 게다가 그 정도 연차가 되면 살짝 번아웃도 오는 시점이고, 슬슬 결혼 얘기도 오고가고 돈 들어가는 취미생활도 생기고 차도 바꾸고 싶고 뭔가 매너리즘에 빠지기 딱 알맞은 시점이라 더 혼란스럽습니다.

이 일을 언제까지 할 수 있을까?

직장인이라면 누구나 고민하는 문제죠. "언제까지 이 일을 할 수 있을까" "그만둔 다음엔 뭘 하고 살아야 하나." 비단 직장인뿐 아니라 모두의 고민입니다. 국민 MC 유재석 씨도 고민하고 있다고 하니 말이죠. 저 역시 늘 고민하고 있습니다.

딱히 구체적인 계획은 없지만 광고를 그만두고 나면 뭔가 '만질 수' 있는, '나만의 것'을 만드는 일을 해보고 싶습니다. '남의 돈'으로 '남의 것'을 만드는 광고 일을 오랫동안 하다 보니 내가 만든 나만의 것을 가지고 싶더군요. 거기에 광고처럼 휘발되는 무형의 것이 아닌, 뭔가 만질 수 있는 형태가 있는 것을 만들고 싶습니다. 이렇게 책을 쓰고 그림을 그리게 된 이유도 온전한 내 것을 만들어보

① 타닥...
타닥...

사실
제 꿈은
FIRE족 입니다.

② '파이어족'이라는
말이 생기기도 전에
이미 꿈꾸고
있었죠. 훗.

③ 원래는 딱 마흔살 까지만
열심히 일하고 은퇴할 계획
이었는데
정신없이
일하다 보니
계획보다
조금
늦어진 감이
있네요.

④ 은퇴 후의 삶으로는
'자급자족형 농민'의
삶을 살아갈 계획 입니다.

自給自足

내가 먹을 먹거리
정도만 재배하는
미니멀 한 라이프 스타일.
멋지지 않나요?

⑥ 물론 은퇴를 하려면 적지않은 자금이
필요하지요. 하지만 저는 스물여덟
부터 직장생활을 했으니
그 정도 자금쯤은 통장에
들어 있을겁니다.
암요.

月~
두근 두근~

그래도 궁금하니까
한번 확인해 볼까요?

⑤ 구체적인 플랜도 있습니다.

25평 정도의
박공지붕집,
정원은
온실포함 20평

계란을 낳아줄
닭 세 마리

강아지랑 고양이
각각 한마리씩

등등 치밀하고 구체적인
플랜도 세워뒀습니다.

⑦ 은퇴는 십오년 정도
미뤄야 할것 같군요....

어 째 서 ...

고 싶어서인 것 같습니다.

그렇다고 직업으로서 글을 쓰거나 그림을 그리고 싶지는 않습니다. 돈을 벌 만큼의 실력도 안 되거니와 잘은 못해도 둘 다 좋아하는 일들이라 직업으로 삼고 싶지는 않아요. 지금 다니는 회사를 그만두고 나면 더 이상 직장생활은 하고 싶지 않거든요.

그래서 곰곰이 생각 중인 게 '자급자족형 농민'입니다. 최소한의 생활비로 검소하게 살면서 내가 먹을 먹거리 정도는 직접 만들어 먹는, 시간의 변화를 온전히 느낄 수 있는 작은 정원이 있는 주택에서의 생활. 거기에 뭔가 유형의 것을 만들어내는 취미를 가진다면, 그 취미로 용돈 정도 벌 수 있다면 어떨까? 오래전부터 생각해보고 아주 조금씩 준비도 하고 있죠. 하지만 현실은…

광고를 시작하는 사람들에게

서른부터 마흔 즈음까지. 10년 간의 직장인으로서의 생활은 정말 정말 중요합니다. 주변을 돌아봐도 30대에 잘 풀린 친구들은 대부분 이후가 잘 풀립니다.

당연히 10년이라는 긴 시간을 꾸준히 열심히 할 수는 없습니다. 일에 대한 열정이라는 것도 사랑처럼 유한한 것이라 계속 유지하기는 어렵거든요.

대부분 서른 전후로 직장생활을 시작합니다. 입사 전에 속해 있던 세계에선 나이도 경험도 많은 어른 역할을 하다가 사회에 들어오면 꼬꼬마 막내가 되죠. 게다가 취업준비 하느라 이미 반쯤은 번아웃 되어 있는 상태. 시작부터 열심히 달리기 쉽지 않죠.

결론부터 말씀드리자면 초반 5년은 '혼나지 않을' 정도의 실적만 내도 됩니다. 대신 최대한 많은 경험을 하고, 일하는 방식을 익히고, 눈치를 키우고, 모르는 거 있으면 물어보고, 역량과 경험의 폭을 키우는 데 집중해야 합니다.

사회 초년생이 너무 일을 잘해버리면 윗사람들의 기대가 커져요. 칭찬은 많이 받겠지만 점점 많은 걸 요구하게 됩니다. 그런 기대에 맞춰 계속 꾸준히 잘해야 하는데, 그게 정말 쉽지 않습니다. 중간에 번아웃이라도 오면 초심을 잃은 사람이 되어버리는 거죠. 그리고 광고의 경우 아무리 똑똑한 신입이라도 발휘할 수 있는 프로젝트 기여도에 한계가 있습니다. 광고라는 직업은 많은 사람들이 같이 협업해서 만들어내는 일이기 때문에 더더욱 그렇죠. 다시 말하지만 대충대충 하라는 게 아닙니다. 본인이 해야 할 역할은 잘 해내고 남는 에너지로 많은 사람과 얘기를 하고 본인만의 직업관도 고민해보고 다른 사람들이 일하는 걸 열심히 보고 익히는 게 중요하다는 겁니다.

그리고 5년 차 이후부터는(나이로는 대략 서른 다섯 즈음부터는) 슬슬 속도를 내는 겁니다. 그즈음부터 실적이 중요해지기도 하고, 본인의 판단력도 늘고, 결정권도 조금씩 생깁니다. 그동안의 경험치를 자양분으로 앞으로 5년 정도는 더 일에 집중하는 겁니다. 딱 5년만 열심히 하면 나름의 철학도 생기고 자신감도 생길 겁니다. 그때부터는 전력질주 타이밍입니다. 그렇게 속도 조절과 체력 안배를 해서 잘 달려주면 그 이후는 물리 법칙이 적용되는 것처럼 익숙해집니다. 페이스만 잘 유지하면 적은 에너지로도 속도가 유지되죠.

"열심히 하는 게 뭐가 중요해? 잘해야지"라는 말이 있죠. 처음 5년 정도는 '열심히' 하면 됩니다. 그다음 5년은 '잘'해야 하죠. 회사에서도 대리 연차 정도까지는 투자 기간으로 봅니다. 이후는 실적, 즉 회사에 돈을 벌어와야 합니다. 그게 안 되면 용도폐기 되는 겁니다. 냉정하지만 그게 사회생활입니다. 다시 말씀드리면, 처음 5년 정도는 스폰지처럼 잘 흡수해 두고, 그다음 5년부터는 속도를 내세요.

하나 더 덧붙이자면 '우매함의 봉우리'를 조심하세요. 인터넷에 떠도는 글 중에 Dunning-Kruger effect라는 게 있어요. 그 개념을 설명한 그래프가 있던데 이런 겁니다.

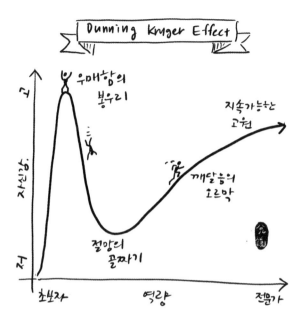

Dunning Kruger Effect

우매함의 봉우리

지속가능한 고원

자신감

깨달음의 오르막

절망의 골짜기

초보자   역량   전문가

* 넷상에 떠도는 이 그래프가 더닝크루거 이펙트와는 관계 없다고는 하던데 너무 공감되어서 가져왔습니다. 어떤 일을 할 때 가지게 되는 자신감의 변화가 정말 딱 저렇거든요. (저는 지금 절망의 골짜기를 막 지나서 오르막을 오르는 중입니다만.)

저 우매함의 봉우리는 정말 조심해야 합니다. 왠지 나는 이제 좀 (광고를) 알 것 같다. 이 시점이 정말 위험해요. 그때 전력질주하면 절망의 계곡을 굉장한 속도로 떨어지게 됩니다. 본인의 자존감도 문제지만 주변에서 오만한 캐릭터로 볼 수가 있으니 조심하시고, 한번 더 조심하세요.

마지막으로 사람 때문에 포기하면 안 됩니다. 재능이

있는 친구들이 일을 포기하는 안타까운 경우를 꽤 많이 봤습니다. 페이스 조절에 실패하는 경우가 반, 사람 때문인 경우가 반 정도 되더군요. 둘 다 안타까운 일이지만 사람 때문에 그만두는 경우가 제일 속상합니다. 이상한 사람은 어디에나 있습니다. 살면서 언젠가는 만나게 되죠. 사적인 경우라면 피할 수 있지만 직장상사나 동료인 경우면 문제가 다릅니다. 피하지 말고 적극적으로 해결해야 합니다. 본인께서 잘할 수 있는 일을 사람 때문에 포기하지 않았으면 해요.

직접 대화로 풀어보도록 노력도 해보고, 나는 문제가 없나 돌이켜도 보고. 그래도 안 되면 회사 내에 조정해줄 수 있는 부서가 있을 겁니다. 꼭 도움을 받으세요. 다행인 것은 예전에 비해 사회적으로도 많이 개선되어가는 중이라 어떤 식으로라도 방법은 있을 겁니다. 피하지 마시고 포기하지 마세요.

제가 드릴 얘기는 여기까지입니다. 요약하자면

1. 집중해야 할 10년. 페이스 조절을 잘하자.
2. 우쭐하지 말자. (기억하자. 낭떠러지 바로 앞의 '우매함의 봉우리!')
3. 사람 때문에 포기하지 말자.

(꼰대스러운 글이 되어버린 거 같긴 한데⋯ 꼰대가 맞긴 한데⋯) 부디 행운이 있기를.

전현직자 Q&A 9편

호서대학교 시각디자인학과 교수 허준영

이번에는 광고일을 하다가 다른 일로 전향한 전직 광고인을 만나보겠습니다. 같은 회사에서 아트디렉터로 근무하시다가 유학을 다녀와 대학에서 학생들을 지도하고 계신 호서대학교 시각디자인학과 허준영 교수님입니다.

Q1: 간단한 본인 소개 부탁드립니다. 어떻게 일을 시작했고 이전에 하셨던 일과 지금 하시는 일은 무엇인가요?

A1: 대학에서 광고디자인을 전공했고 고민 없이 광고업에 취직했습니다. 좀 더 자세히 서술하자면 운 좋게도 제일기획 대학생 광고공모전에서 상을 받았는데, 마침 상을 받는 당일이 입사원서 마감일인 것을 알게 되어 꾸역꾸역 입사원서를 제출했습니다. 이후 각종 채용 절차를 다시 꾸역꾸역 넘기며 2001년 당시 제작 본부의 그래픽 디자이너로 취직했습니다. 그리고 2016년 2월 아트디렉터로 퇴직했습니다. 현재는 대학

교에서 학생들에게 광고디자인을 지도하고 있습니다.

Q2: 지금 일은 어떻게 하시게 되었나요?

A2: 하필이라고 표현하면 좀 이상하고, 학생 때 막연하게, 광고일을 현업으로 하다가 언젠가는 광고 관련 교수가 되어야겠다고 최종 목표를 가졌었습니다. 대학 시절 은사님께서 광고 현업에서 디자인을 하시다가 교수님으로 오셨고, 현업에 대한 이야기와 교수로서의 삶에 대해서 자주 이야기해주셨는데요, 그 이야기를 듣고 '내가 가고 싶은 길은 저런 길이 아닐까'라고 막연하게 생각하게 됐죠.

이후 제일기획 크리에이터 시절 은사님께 교수를 하려면 어떻게 해야 하는지 물었고, 박사 과정을 마치고 가능하면 유학도 다녀오면 좋다는 말씀을 듣고 그렇게 했습니다. 그리고 교수의 길에 들어서게 되었습니다.

Q3: 일반적인 직장은 본인을 중심으로 아래 위, 선후배가 존재하기 마련인데요. 처음에는 선배

들만 잔뜩 있다가 시간이 지나면서 후배들이 들어오고 연차가 쌓이면 팀장이 되고… 등등 나이 차이가 크지 않은 선후배들과 같이 일하는 구조인데, 교수라는 직업은 조금 다를 것 같아요. 물론 동료 교수 사이의 선후배가 있겠지만 본인보다 한참 나이가 어린 후배들과 지내야 하는 그런 시스템에서 뭔가 나름대로의 고충이 있을 듯한데, 어떤가요?

A3: 교수라는 직업은 마치 한 명 한 명이 개인사업자 같은 구조입니다. 이 과목은 나 혼자 책임지고 짊어지고 가야 하는 사업이죠. 따라서 교수 사이에 선후배 관계가 형성돼 있어도 서로 존중하고 존대해주는 분위기입니다. 그래서 더 어렵고 조심스러운 관계이기도 합니다. 또한 학과와 학과 사이의 관계라는 것이 어찌 보면 협력회사 같기도 하고 라이벌 회사 같기도 해서 조금은 복잡미묘한 관계라고 설명하고 싶습니다.

Q4: 코로나로 가장 큰 변화를 겪은 직종이 교육 쪽일 것 같은데요, 코로나 이전과 이후에 학교에선 어떤 변화가 있었나요?

A4: 코로나 초반에는 비대면 교육이라는 것이 마치 교육방송 같은 또는 사이버 대학 같은 결과가 되는 것은 아닌지 위기의식을 갖고 수업에 임했습니다. 그런데 전화위복이라고 할까요? 오히려 온라인 줌 수업을 통해서 1:1 개인 컨펌을 하면서도 개개인의 과제물 중간 과정을 모두가 볼 수 있게 되었으며, 보다 허물없이 학생과 쉽게 연락할 수 있는 관계(시도 때도 없이 연락 오는 것은 단점?ㅎㅎ)가 되었습니다.

지금 대면 수업을 하고 있으면서도 온라인 줌을 켜서 강의실에서 각자의 컴퓨터 화면을 열어 과제를 컨펌해주는데요, 그러다 보니 예전에는 본인 것만 컨펌받고 잠자던 학생들이 줄어들고 다른 학생 작업에 관심을 갖고 본인 작업물의 벤치마킹을 하는 분위기입니다.

Q5: 현업을 잘 하다가 교육 쪽을 택한 건데, 후회나 아쉬움은 없었나요?

A5: 현업을 관두고서는, 무대가 없어지고 점점 잊히는 현역 아이돌(조금 심한 표현이지만) 같다고 할까요? 예전에는 조금만 밖에 돌아다녀도 내

가 만들었던 광고물들을 길거리 어딘가에서 만날 수 있었고, 촬영 현장에서 순간순간 결정하고 아이디어 발전시키고 하는 순간들로 인해 살아있다는 느낌을 받았다면, 지금은 어디에도 내가 만든 제작물은 없고, 그냥 하루하루 학생 출석 체크하고 과제 체크하는 삶이 평이하다는 느낌이 들기도 합니다.

하지만 길어야 몇 개월 가는 광고 제작물보다 내 삶에서 평생 가는 졸업생이라는 결과물을 만들어 간다는 마인드가 있다 보니 후회나 아쉬움은 없습니다. 졸업생들이 잘되면 기분이 그렇게 좋을 수가 없습니다.

모르면 대화의 맥이 끊기는 '필수 실무용어 90'

사실 이 부분을 정리해야 하나 말아야 하나 많이 망설였는데 편집자님의 추천으로 한번 정리해 보았습니다. 고민했던 이유는 워낙 근거 없는 용어들인 데다가 쓰는 사람마다 조금씩 다르게 알고 있는 경우들이 많아서, 심지어 왜 그런 용어를 쓰는지 잘 모르겠는 것들이 많아서였죠. 그냥 넘어가고 싶었으나 회사 신입사원들도 용어를 몰라 물어보는 일들이 종종 생기길래 정리해보았습니다. 웹에서 쉽게 찾을 수 있는 전문적인 마케팅 용어들은 뺐고, 모르면 대화의 맥을 놓치는 용어 위주입니다.

일반적으로 많이 사용하는 용어들

킥오프: 프로젝트가 확정되고 스탭 구성이 되면서 하는 첫 번째 미팅.

오티 브리프: 광고주의 요구사항과 미션 등이 정리된 문서.

PT: 광고주를 대상으로 전략, 크리에이티브 등을 설명하는 자리. 조금 경박해 보이지만 "깐다"라는 표현도 쓴다.

애뉴얼 PT: 연간 커뮤니케이션 플랜을 포함한 PT. 주로 연말에 벌어지며, 대부분 경쟁PT(복수의 대행사가 진행하는 PT)로 진행된다.

안(案): 고민하여 정리한 생각이나 계획. 아이디어가 정리된 하나의 플랜. 제작에서 가장 자주 쓰는 단어이며, '크리'라고도 쓰는데 크리는 보고 문서상 '안'들이 모여 있는 큰 의미로 쓰인다.

여기까지 용어들을 흔히 쓰는 문장으로 보면,

"킥오프 한 지가 언젠데 오티 브리프는 왜 안 주나?"
"이번 PT 전략은 누가 까나?"
"이번엔 안을 다섯 개쯤 까야 할 것 같은데요?"
"너는 이걸 안이라고 짜 온 거냐!!!"
"크리 장표에 오타 투성이예요. 다시 주세요."

썰: 안을 보여주기 전에 설명하는 부분. ex: "이 안은 앞에 썰(설) 좀 풀어야 팔리겠는데?"

뚜껑: 여러 편으로 구성된 안을 묶을 수 있는 크리에이티브적인 장치. ex: 젊은 아티스트 여러 명의 라이프 스타일을 제품과 녹여 보여주는 다섯 편의 광고가 있다고 치면, 아티스트 파이브 이렇게 타이포디자

인으로 타이틀을 만들어서 각 편의 앞에 붙인다거나, 다섯 명의 아티스트를 소개하는 별도의 편을 하나 만드는 것.

엄브렐러: 말 그대로 우산처럼 여러 개의 광고물을 하나의 캠페인으로 묶어주는 개념.

돕부: TOP의 일본식 발음으로 영상의 첫 시작 부분을 말함.

히뜩하다: 신선하고 새롭다. 멋지다는 말.

키치하다: 원래 의미는 '싸구려 같은' '저속한' 이런 의미지만 전형적인 것에서 탈피한 신선함이라는 의미로도 쓰임. 스타일에 대한 단어이기 때문에 "키치해서 싫다"가 될 수도 있고 "키치해서 좋네요"가 될 수도 있다.

오사마리: 일본어로 매듭짓는 일을 말함. 뭔가 벌어진 일들을 정리하는 의미로 쓰인다.

다시 이쯤에서 정리하면,

"이번 멀티 편 TVC 뚜껑 편 하나 만들어보자. 안이 많아서 오사마리가 안 되네."

"편집해 놓으니 돕부가 좀 약한데? 히뜩한 맛이 없어."

새 날아가는 소리: 상황이나 맥락에 어울리지 않는 이야기.

밥 먹으면 똥 나오는 소리: 당연한 얘기라 아무 매력이 없을 때 쓰는 말.

"시간이 없어 다음 주에 안을 까야 하는데 밥 먹으면 똥 나오는 얘기 말고 말이 되는 걸 가져와."

"히뜩한 카피를 쓰라는 거야. 새 날아가는 소리 하라는 게 아니고."

에셋: 자산. 브랜드에셋이라고 하면 브랜드가 가진 아이덴티티나 컬러 태그라인 슬로건 등 다양한 유형, 무형의 자산을 의미한다.

폴리시: 에셋보다는 조금 작은 의미인데 어떤 제작물에 들어가야 하는 브랜드 아이덴티티의 가이드 정도라고 보면 됨.

PPM: 말 그대로 제작 전 미팅. 광고 제작에 관한 여러 사항들을 합의하는 자리.

콘티: 콘티뉴이티(Continuity)의 약자로, 광고 아이디어를 이미지과 카피, 컷에 대한 설명으로 구성한 일종의 설계도.

에니메틱: 광고 아이디어의 이해도를 높이기 위해 콘

티(그림)로 편집하고 음악과 내레이션을 입힌 동영상.

포토매틱: 그림이 아닌 사진 자료로 편집한 동영상.

태그라인/슬로건: 비슷한 의미인데 슬로건이 고착화해서 태그라인이 된다고 보면 된다. 나이키의 Just do it처럼 브랜드와 착 붙어서 꾸준히 쓰는 경우가 태그라인, 문장이 좀 길고 시간이 지나면 바뀌게 되는 경우가 캠페인 슬로건이다.

얼터 컷: Alter라는 단어의 의미 그대로 바꿀 수 있는 대안 컷.

"폴리시도 안 보고 작업했냐고 욕 먹었어요. 힝."

"에니메틱 컨펌 났고요, 엔딩 씬은 얼터컷으로 진행해 달래요."

매니페스토: 정치적, 문화적 여러 의미가 있는데 광고에서 쓰는 매니페스토의 의미는 앞으로 보여줄 광고 안에 대한 설명 정도이다. 주로 큰 규모의 PT에서 대행사가 주장하는 방향에 대한 이해도를 높이는 영상물을 의미한다.

기조: 전략에서 일관적으로 주장하는 방향. ex: "이번 전략의 기조는 뭐야?"

간지: 感じ(かんじ- 느낌)에서 온 의미로 스타일을 말함.

싼마이: 광대 혹은 감초 역할을 뜻하는 산마이메(さん まいめ)에서 유래된 말. 저질 또는 삼류를 의미함.

"이번 매니페스토는 미국 간지가 좀 나야겠는데? 싼마 이처럼 만들 거면 가져가지 말자."

미장센: 영화에서 사용하는 미장센의 의미보다는 조 금 좁은 의미로 활용됨. 주로 연출의 아트감, 미술적 인 느낌 등을 지칭함.

프롭: 다른 것을 바치는 물건이라는 의미처럼 촬영에 필요한 여러 가지 소품을 말함.

헤메: 헤어 메이크업을 묶어서 얘기할 때 쓰는 줄임 말.

피덕: 피디 프로덕션. 피디 컴퍼니라고도 함. 감독이 없이 피디로만 구성된 프로덕션. 안에 따라 감독을 외부에서 고용하여 제작함.

아트바이어: 미술계에서 말하는 아트바이어와는 조금 다르다. 광고 쪽에서 일하는 직업 중 하나이며, 업무 범위와 참여도가 워낙 넓어서 딱 한마디로 정의하기 힘들지만 광고 제작의 미술에 관한 여러 가지 업무 를 한다고 보면 된다. 구하기 어려운 프롭(소품)을 구 해 오기도 하고 작품의 미장센이나 미술을 담당하기

도 하고 인쇄 촬영 진행 및 출고까지 전부 담당하기도 한다.

"인쇄에는 아트바이어 붙여야 되겠는데? 피덕 쪽에 잘하는 아트바이어 한 분 추천해달라고 해."

펙트북: 프로젝트와 관련된 여러 펙트들만 정리해 놓은 문서.

미디어 랩사: Media Representative를 줄여서 사용한 말로, 매체사의 매체 광고 독점 판매권을 가진 회사를 말함. 줄여서 랩사라고도 함.

RTB: 검색해보면 Real Time Bidding(실시간 비딩)이라는 마케팅용어가 나올 텐데 보통은 Reason to Believe(제품을 사야 하는 근거)를 지칭함.

POD: Point of Difference 제품의 차별화된 속성.

USP: Unique Selling Point 제품의 판매 강점.

KPI: Key Performance Indicator 핵심 성과 지표.

"이번 프로젝트의 KPI는 유튜브 500만 뷰 뭐 이렇게 목표를 정하고 목표 달성률을 수치화하는 겁니다."

"이번 제품은 사실 RTB가 좀 약해요. 느낌적 느낌으로 가야 될 듯요."

"POD랑 USP 정리해서 펙트북 하나 빨리 보내주세요."

"지난번 온에어 한 거 KPI 뽑아보자. 랩사한테 자료 좀 받아봐."

촬영에 관한 용어들

촬영에 관한 기술적인 전문용어들은 인터넷을 찾아보시면 되니, 여기서는 찾기 힘든 것들과 광고 제작에 많이 거론되는 것들만 정리해봤습니다.

리깅: 카메라가 어딘가에 매달려 있는 것을 생각하면 된다. 좁은 공간에서의 촬영을 위해 카메라에 구조물을 달아서 찍는 경우를 리깅샷이라고 하기도 하고, 카메라를 모델이나 차량에 고정하는 것을 리깅이라고도 한다.

POV 샷: Point of View 시점샷을 말한다. 사람의 1인칭 시선으로 보는 그림.

MCC: Motion Control Camera 카메라의 움직임을 컴퓨터로 제어할 수 있는 카메라(시스템)를 말한다. 카메라의 움직임을 제어하는 다양한 연출이 가능해서 요즘 많이 쓰이는 장비다.

로봇 암(arm): 로봇 암도 MCC의 발전된 형태. 제어가 가능한 여러 개의 축이 있어 기계적인 카메라 무빙이 가능하다.

씨즐컷: 제품의 질감을 나타내는 컷. 맥주 광고에서 탄산이 올라오는 그림 혹은 버거 광고에서 패티가 그릴에 구워지는 그림 같은 것들. 탄산이 터지는 소리 같은 경우는 '씨즐 사운드'라고 말함.

"그 광고 씨즐감 좋던데? 앵글도 좋고. 그거 MCC로 찍은 거야?"

크로마키 촬영: 영상 합성을 위해 단색(주로 블루나 그린)의 배경에서 피사체를 촬영하고 후반 작업에서 영상을 덧입히는 기법을 말함. 블루 스크린, 그린 스크린 촬영이라고도 함.

빈백: 인물이 없는, 말 그대로 비어 있는 백그라운드 샷을 말함. 나중에 합성할 때 필요해서 미리 찍어두는 그림.

버추얼 스튜디오: 크로마키 촬영 방식이 진화된 형태. 3D로 만들어놓은 초고화질의 배경을 높은 해상도의 LED 스크린에 플레이하고 움직임 제어가 가능한 카메라로 촬영하여, 말하자면 실시간으로 합성하는 시스템. 플레이 되는 배경은 실제 촬영 소스를 이용하

기도 하고 게임 제작하는 것처럼 전부 만들기도 한다. 해외 촬영이 불가능했던 코로나 시즌에 급격하게 발전했다.

"혹시 합성할지 모르니까 빈백 하나 눌러 놔(찍어 놔)."

트레일러 컷: 본 내용이 다 끝나고 짧게 재미로 붙이는 컷.

야마 컷: 이게 좀 애매한데 혹자는 트레일러 컷의 다른 의미로 야마 컷이라고도 쓰고 안의 가장 핵심이 되는 컷을 야먀 컷이라고 하는 사람도 있다.

키 비주얼: 광고의 핵심이 되는 기억에 남는 한 장의 이미지. 키 비주얼을 잘 뽑으면 TVC 인쇄 옥외 등 다양하게 베리에이션 할 수 있다.

가이다마: 대역이라는 뜻의 가에다마(かえだま)에서 유래된 말로, 메인 모델의 앵글감을 보기 위해 테스트 할 때의 대역을 말함.

혼방: 한자어로 본방. 즉 실제로 온에어 되는 소재를 뜻함.

"이건 혼방 용 카피예요. 시안이랑 야마 컷이 달라요."

편집/ 녹음할 때 쓰는 용어들

마찬가지로 기본적인 용어들, 검색해서 나오는 용어들은 넘어가고 실무 현장에서 자주 쓰이는 용어들만 정리했습니다.

역 자막: 오해가 생기지 않도록 하단에 나열하는 팩트 자막을 의미함. ex: 보험 광고에 보면 맨 마지막에 작은 글씨로 나오는 자막들. 보통 심의 규정상 들어가는 경우가 많다.

암바톤: 아마도 Amber에서 온 듯한데 말 그대로 호박색의 따뜻한 톤을 말함.

쨍하게: 말이 주는 느낌 그대로 쨍한 느낌. 그림 적으로 보면 Sharpen(날카로운) 필터를 생각하면 된다. 반대의 의미로는 "블러리하게 해주세요" "블러값 좀 올려주세요" 등이 있다.

물빠진 톤: 의도적으로 채도를 낮추어 분위기를 내는 톤 작업.

"역 자막 나오기 바로 전 컷은 암바톤 좀 태워주세요. 너무 푸르딩딩해서 차가운 느낌이에요."

"물 빠진 톤은 좋긴 한데 광고주는 쨍한 걸 좋아해서

걱정이네요.”

카트바리: 커트 분할. 컷트 바리에이션.

기리까이: (자동차 기어를) 변속하다에서 온 말로 추측됨. 어떤 그림을 갈아 끼운다는 의미.

구다리: 문학작품에서의 한 챕터를 일컫는 표현에서 유래된 말. 하나의 신 혹은 시퀀스를 말함.

보카시: 두 가지 컬러를 그라데이션 하여 이어주는 염색법 중 하나.

하레: 하레이션(halation)의 줄임말. 어두운 하늘 달무리 같은 느낌. 렌즈 플레어랑은 조금 다르게 은은하게 빛이 번지는 효과. 주로 뷰티컷에 쓰임. ex: 아름다운 모델이 은은하게 등장할 때 빛이 번지는 효과.

구그리: 어원을 모르겠으나 테두리를 지칭함.

“제품 패키지가 다르대요. 야마 컷 제품 나오는 구다리 통으로 기리까이 해주세요. 로고 뒤에 보카시 되어 있는 게 바뀐 패키지래요.”

히까리: 빛을 말함. 영상에서 로고에 빛이 사악 스쳐 가는 것 등.

끼라끼라: 반짝반짝 혹은 깜빡깜빡. 흔들흔들. (쓰는 사

람마다 다르다.)

데꼬보꼬: 울퉁불퉁이라는 뜻으로 뭔가를 불규칙적으로 자연스럽게 나열함을 뜻함.

바라바라: 제각각이라는 뜻.

헨케이: 변형이라는 뜻. 형태를 길쭉하게 늘이거나 줄이는 것을 말함.

"로고가 약간 헨케이 된 거 아닌가요? 아사모사 한테 확인 한번 해주시고요, 로고 나올 때 히까리 살짝 넣어주면 너무 촌스러울까요? 너무 끼라끼라 하지 않게요."

"바라바라 하지 않게 데꼬보꼬 있게 넣어주세요."

옵티컬: 아무 작업이 안 된 촬영 원본.

탭사인: 영상이 시작하기 전 블랙 화면에 간단한 타이틀이 들어간 것.

육방샷: 제품 렌더링에 필요한 정확한 치수가 들어 있는 여섯 개 방향의 제품 이미지. 이를 바탕으로 제품을 모델링해서 사용함.

부감: 높은 곳에서 바라본 뷰.

싸비: 음악의 가장 메인이 되는 연주 부분. 음악의 후렴구 Subject의 일본어 발음 '사브제쿠토'에서 시작된 말이 아닐까 추측함.

"BGM 싸비 나올 때 그림도 같이 터져야 될 것 같은데요?"

아사모사: 놀랍게도 일본어가 아니다. 어사무사(於思無思)라는 표준어를 잘못 발음한 것. 생각이 날듯말듯하여 확신이 안 선다는 유의 뜻.

기깍기: 정체불명의 일본어 잔재. 규격을 말하는 기카쿠(きかく)에서 변형되었다는 설과 계기라는 뜻의 '깃카게'에서 유래된 말이라는 설이 있음. 합을 맞춘다, 그림과 음악이 박자에 딱딱 맞는다를 얘기할 때 쓰는 말.

징글: 브랜드를 상기시키는 음악적 요소로 브랜드 로고 나올 때 나오는 특유의 짧은 음악적 장치.

"부감으로 찍은 거 더 없어? 막내야 옵티컬 좀 뒤져봐."

"앞장 그림 바꾸면 뒤쪽 기깍기가 다 틀어져서 징글이 들어갈 자리가 없어요."

"싸비 터질 때 나오는 제품 컷 저게 맞나요? 좀 두꺼워 보이는데?"

"육방샷 주신 걸로 작업한 거예요. 기분 탓일 겁니다."

턴키: 열쇠를 돌리면 모든 설비가 작동한다라는 의미

에서 모든 걸 통틀어서 작업(계약)한다는 의미로 쓰임.

누끼: 오려내다라는 뜻의 키리누키(切り抜き)에서 변형된 말로 그림에서 피사체를 따내는 작업을 말함.

쌩키: 보통 누끼용 소스를 촬영할 때 크로마 촬영 등을 통해 작업을 편하게 하는데 배경이 있는 컷에서 필요한 부분만 하나하나 작업해야 하는 경우를 말함.

"편집이랑 후반은 턴키로 자이언트가 하기로 얘기 중이에요."

"크로마로 찍어도 힘든데 이걸 쌩키를 따라고요?"

"머리카락 누끼 따려면 온에어 못 맞춰요."

긁어서 볼게요: 편집 툴의 타임라인을 마우스로 따라가면서 한 컷 한 컷 보겠다는 의미.

뒤 좀 눌러주세요: 배경 컬러나 채도를 낮춰 인물이 잘 보이게 해달라는 뜻.

스트레치 쳐주세요: 'stretch' 말 그대로 컷을 늘이거나 줄이는 걸 말함.

1초 스무 장입니다: 1초는 30장의 그림으로 되어 있는데, 1초 스무 장이라고 하면 50프레임이라는 얘기다.

텔레시네: TELECINE(Television + Cinema의 합성어) 24프레임을 TV포멧인 30프레임으로 바꾸는 작업.

NTC: 네거티브 텔레시네(Negative Telecine)라고도 함. 네거티브 필름을 비디오 신호로 바꾸는 작업인데 보통 이 부분에서 D.I(색 보정) 작업을 같이해서 색 보정 작업을 NTC 한다라고 말하기도 한다.

디아이: D.I(Digital Intermediate). 영상 이미지 마스터링의 전 과정을 말하는데 보통 색과 톤을 보정하는 작업을 지칭함.

"스트레치 치면 몇 장까지 늘릴 수 있죠?"

"지금 소스로는 2초 열 장 정도는 될 텐데 디아이 다시 해야 해요."

파일 뺄고 있어요: 인코딩 중이라는 말.

파일 올리고 있어요: 파일을 보내기 위해 서버에 업로드 중이라는 말.

"모델 피부 톤이 너무 칙칙해요. 뒤 좀 눌러주시고."

"아직 디아이 전이라 그래요."

"부장님한테 톡으로 보낼 수 있게 파일 뺄어 주세요."

"네, 이미 올리고 있어요."

티투티: Tape to Tape의 줄임말. 예전 아날로그 편집

때 쓰던 용어. 편집이 다 되어 있는 걸 통으로 갈아 끼우는 작업을 말함. 예를 들어 그림의 톤을 한 컷 한 컷 다 따로 색 보정 하지 않고 편집을 다 끝내놓은 편집본으로 한 번에 톤을 조절한다거나 하는 작업.

마 가 떴다: 음악이나 그림의 편집이 박자에 안 맞는 것처럼 불편한 구석이 있는 경우.

노텍 버전: No Text 버전. 자막이 없는 편집본.

"7초쯤 마가 뜬 거 같은데요?"

"아 그거 의도된 겁니다."

"됐고 기깍기 맞춰주세요."

"제품 나오는 구다리 노텍으로 뱉어주세요. 암바톤 태우는 디아이 작업은 티투티로 갈아 끼울게요."

아까지: 적자가 났다, 손해를 보았다는 뜻.

네고: negotiation의 줄임말. 말 그대로 절충한다는 뜻.

"광고주가 제작비 네고 좀 부탁한다는데 후반 쪽에 여유가 없을까요?"

"3D 쪽은 애진작에 아까지였어요. 더 이상 수정하면 실장님 짤려요."

에필로그

바짝 하면 6개월 정도 걸리겠구나 싶었는데 웬걸, 3년이나 지나버렸네요. 뭐 거창한 얘기를 쓰려는 것도 아니었고 그냥 광고인의 한 사람으로서 제가 알고 있던 내용들을 좀 정리해보는 차원에서, 그리고 혹시 이쪽에 관심이 있는 분들이 보면 약간의 가이드 정도가 될 수 있는 이야기들을 쓰고 싶었습니다. 마무리하면서 다시 한번 쭉 읽어보니 깊이 없이 너무 뻔한 얘기만 써 놓은 게 아닌가 싶다가도, 뭐 이 정도면 된 거 아닌가 싶기도 하고 복잡한 마음입니다. 여하튼 이렇게 마무리하며 생각해보니 그래도 나 자신과의 약속 하나는 지킨 것 같아 홀가분합니다.

지난 봄 평범한 직장인이자 성실한 가장이셨던 아버지께서 돌아가셨습니다. 아버지께선 40년이 넘게 직장생활을 하셨습니다. 제약회사에서 근 30년이 넘게 근무하시고 퇴직 후 섬유 회사로 이직을 하셔서 또 10년 가까이 직장인으로 생활하셨죠. 두 번째 직장은 편도 2시간씩 운전을 해야 하는 먼 거리에 있었는데도 늘 즐거워하시면서 출퇴근을 하셨습니다. '이 나이에 이렇게 일을 할 수 있는 건 굉장히 기쁜 일'이라고 하시면서요. 어떤 조직에서든 필요한 사람이 되는 건 의미 있는 일이라며 매일 새벽 부지런히 출근을 하셨던 기억이 납니다.

아버지의 인생 중 가장 힘들어 보였던 때는 은퇴하신 직후였습니다. 주 6일 근무를 40년 넘게, 요즘처럼 긴 휴가도 한 번 없이 그렇게 일만 하시던 아버지는 은퇴 후 무료한 시간이 많이 힘드셨던 모양입니다. 하루 종일 집에만 계시는 게 괴로우셨는지 안 하던 집안일을 하시겠다며 빨래도 직접 하시고, 청소도 하시고. 설거지하다 그릇도 깨시고… 평생 어머니랑 언쟁 한 번 없던 분인데 부부싸움도 간간히 하시고ㅎㅎ. 사춘기 소년마냥 방황하시는 거 보면서 참 복잡한 마음이 들었었죠. 그래도 은퇴하고 한 2년 정도 지나고부터는 잘 지내셨던 것 같네요. 한참 지난 후에 그때 왜 그렇게 힘들어하셨냐고 여쭈어봤더니 "나 자신이 쓸모 없는 인간이 된 거 같아서 너무 속상하고 힘들더라"는 말씀을 하시더군요.

직업이라는 건 단순히 돈을 버는 것 이상의 의미가 있는 것 같습니다. 어떤 조직에서 필요한 일을 해결하고 쓸모 있는 사람으로 남는 것. 같이 일하는 사람에게 좋은 동료가 되는 것. 후배들에게 좋은 선배가 되는 것. 사람들과 성취감을 나누고 힘든 시간을 같이 이겨나가는 과정에서 얻게 되는 후천적 인격은 회사에서뿐 아니라 가족과의 관계에서도 인생을 살아가는 데 많은 영향을 주는 것 같습니다.

광고는 기다리는 일이라고 했죠. 뭔가를 기다리는 일

쯤은 이제 자신 있다고 생각했는데 중환자실에 계신 아버지를 기다리는 일은 너무나 힘들더군요. 이제 편안히 쉬고 계실, 평생 동안 열심히 쓸모 있는 사람이 되려고 노력하셨던 아버지께 이 책을 바칩니다.

임태진

이것이 광고인이다

ⓒ 임태진, 2023

초판 1쇄 인쇄 2023년 08월 10일
초판 1쇄 발행 2023년 08월 21일

지은이 임태진
펴낸이 이상훈
편집2팀 허유진 원아연
마케팅 김한성 조재성 박신영 김효진 김애린 오민정

펴낸곳 (주)한겨레엔 www.hanibook.co.kr
등록 2006년 1월 4일 제313-2006-00003호
주소 서울시 마포구 창전로 70(신수동) 5층
전화 02-6383-1602~3 팩스 02-6383-1610

대표메일 book@hanien.co.kr
ISBN 979-11-6040-564-4 (03320)